谨以此书敬献给我的母亲孟爱香

妈妈的《礼记》

蔡成 著

山东城市出版传媒集团·济南出版社

图书在版编目(CIP)数据

口头禅里家风传 ：妈妈的《礼记》/ 蔡成著. ——济南：济南出版社，2018.7

ISBN 978-7-5488-3400-7

Ⅰ. ①口… Ⅱ. ①蔡… Ⅲ. ①礼仪—中国—古代②《礼记》—通俗读物 Ⅳ. ①K892.9-49

中国版本图书馆 CIP 数据核字(2018)第 171586 号

出 版 人 崔 刚
责任编辑 张伟卿 姚晓亮
装帧设计 杨建明
出版发行 济南出版社
地　　址 山东省济南市二环南路 1 号(250002)
编辑热线 0531-86131741
发行热线 0531-67817923 86922073 68810229
印　　刷 山东省东营市新华印刷厂
版　　次 2018 年 8 月第 1 版
印　　次 2018 年 8 月第 1 次印刷
成品尺寸 148mm×210mm 32 开
印　　张 6.875
字　　数 115 千
印　　数 1-5000 册
定　　价 29.80 元

老规矩，丢不得(序)

我是看了梁任公的“推荐”，才去读《礼记》的。任公曰：“吾惟觉《礼记》为青年不可不读之书。”

读罢几页，感叹：何止青年，不分老少中青，也不用分男女，都该去亲近《礼记》。

我读《礼记》，首先想到的，却不是任公梁启超，而是我的母亲。

《礼记》首页，“若夫坐如尸，立如齐”入眼，耳边随即响起早已久远却依旧清晰的严厉话语：“小孩子站没站相坐没坐相，不像样子！”

“不像样子”，是我故乡的土话，等同于不成体统。话是我母亲说的。母亲不喜动手，儿女犯错，她也不舍得让孩子受皮肉之苦。但儿女们稍不合规矩，母亲定严词喝止。

在母亲眼里，无论时代怎样变迁，社会如何转变，老规矩丢不得。

小时，我倚墙根站着，身子稍微东倒西歪；或坐椅子，模仿大人懒洋洋架个二郎腿，母亲的话马上飞过来："站正，坐稳！站要有站相，坐要有坐相！"

我闻声即刻立正或端坐，不敢不执行。

吃饭，嘴里发"吧唧吧唧"咀嚼声，筷子只往自己最喜欢的菜碗里伸，搅拌米饭，哧溜哧溜喝汤，夹住的菜蔬觉得不中意于是"退货"……母亲百分百会喝止。

这与《礼记》里的规矩如出一辙。《礼记·曲礼》曰："毋抟饭，毋放饭，毋流歠，毋咤食，毋啮骨，毋反鱼肉，毋投与狗骨。毋固获，毋扬饭。"

母亲还爱向6个儿女灌输"玉不琢，不成器；人不学，不知道"的名言警句。以前猜这是照搬《三字经》，现在才知，原话出自《礼记·学记》。

《礼记·少仪》规定，"未尝不食新。"母亲更是一点都不含糊地遵守。此处的"尝"不是指自己美滋滋品尝，而是供奉神灵和祖宗，让他们先享用一番的意思。逢年过节，我家如果杀猪宰鸡，又或在渠坝捞到一条活蹦乱跳的鱼，煮熟后不摆到“天地君亲师”牌位敬奉过，断不可让全家老少举箸享用。

过门要一脚跨过去，不要把脚踩在人家门槛上。这话依旧是母亲教的。

母亲和她的儿女们，与“大夫”和“士”有太远距离，可母亲自觉要求我们向“大夫”与“士”看齐——《礼记·曲礼》如此写道：“大夫、士出入君门，由闑右，不践阈。”不践阈，其意就是不得践踏门槛。当年我以为那是担心我们的鞋底太脏，弄污人家的漂亮门槛呢。

为何不能把脚踩门槛上？此处略过，书中细说。

母亲算大半个孤儿。5 岁时她的生母因急症去世，6 岁时她被送给别人家当养女。随后，生父过世，她却不能归而戴孝。

母亲自称“累计”入过一年半的学堂。母亲忆道，她读书是读一个学期，休一个学期；再返学堂一个学期，又休学……加起来，果然一年半，说“累积”正恰当。她识字肯定没我多，会打算盘，婚后被请去石灰矿当会计。但，我想她应该没读过《礼记》。这让我觉得挺稀奇，她那套时刻挂在嘴边，简直算得上是口头禅的“老规矩、旧礼教”师出何门？

母亲在中国湖南，我在澳大利亚悉尼。远隔千山万水，电话那端，母亲告诉我，当年教育儿女的那些条条框框，以及生活中她会一五一十严格执行的旧俗，都是耳濡目染，从长辈，从左邻右舍，甚至从乡间皮影戏、花鼓戏的说唱词句里得来。

相比于母亲喜欢动嘴，我父亲更倾向于身教。父亲正直、勤奋、诚信、节俭、善良、开朗……中国人的传统美德，在我眼中，他全有；中国农民惯有的小狡猾和乐天知命，他也不缺。在我已公开出版的十几本书中，其中三本，我曾将笔墨落在父亲身上。父亲在教育儿女的问题上话不多，但他以身教，潜移默化地影响着我们的成长。正因父母的言传和身教，不夸张地说，我们六兄妹至今行得正、站得直、坐得端。

母亲儿时的教诲，竟与《礼记》里的那些语句如出一辙，这让我顿生钻入《礼记》一窥全貌的兴趣。我实在颇为好奇，天下母亲是否同样都有一大堆"礼记语句"用于教导儿女。

借助于微信，我在朋友圈搜集"妈妈口中的老规矩"，想借此寻觅《礼记》的影子。

70 多岁的湘西土家族的中学恩师，走下讲台转而从政的"60 后"老师，刚至"弱冠"仍校园苦读的侄甥辈，未读完中学已辍学去南方打工的"80 后"邻居孩子，留学后移民海外的中国游子……还有更多，包括从未曾谋面，仅因我之前出版的那些书留有微信联系号，从而与我结缘的陌生“微友”，都不吝提供儿时常响亮于耳边的父母的口头禅。

盘点一番后，我惊奇地发现，年龄、性别、民族、文化程度、社会地位、经济收入甚而国籍均迥异的个体，竟提供大量内容相仿的“老规矩”，大多数形同于家规、家训。

这些涉及衣食住行学的老教条、旧规矩，据称主要来自于父母等上辈人的言传身教。似乎可以这么说，亲友们提供给我的，诸如强调“仁义礼智信，温良恭俭让”的日常规矩，不仅仅是众多平常人家的生活准则，也在天长日久中已逐渐成为时代人的生存信念。甚至于，完全可以说成是整个家族的“祖传信仰”。而后，无数个家族无意识地“团结”起来，一步步演化成中国民间社会特有的民俗文化。最意外的是，这些完全可视为中华民族传统文化，而存活于民众口舌之间的老规矩，多数居然当真在《礼记》里能觅到千丝万缕的“痕迹”。

说《礼记》就不能不提“礼教”。最初，“礼教”根本扛不起“教”的担子，实际上，也没打算去扛。以孔子为核心的儒家学者们，最初的奋斗方向不过是将封建贵族的“礼制”确立为国人理应严格遵守的行为准则。随着儒学发展，“礼法”才日渐成为整个社会维持文明的通则，上升到“礼教”的位置。

我想这么来说，在中国的历代王朝，正式的礼法制度借助“王法”的名义存在。在民间，礼制思想和礼法行为则以“风俗传统”的形式存在。而观察整个中国社会，则发现，古代中国截然不同于西方国家：西方世界强调以契约精神为核心去调剂和管理社会；中国社会却靠伦理思想为核心的礼乐制度管理无数宗族性质的“小社区”，而这些小社区再搭建整个社会框架。也就是说，古代中国的社会政治关系，更主要是靠礼乐制度在支撑。

漫长的封建宗族社会，礼制有维护家庭和睦团结，巩固社会仁义礼智信的积极意义。与此同时，也确实充斥有三纲五常、男尊女卑、等级森严等糟粕思想。也许正因后者，在特殊历史时期，“礼”被扣上封建糟粕大帽子，被一棍子打倒。

借助微信朋友圈搜集到的大量“老规矩”，让我惊喜之余得出结论：读起来颇为艰深晦涩的《礼记》，看似离我们日常生活十万八千里，实则咫尺可及。它的影子随处可见，它在无数普通人家，以“口头禅”的模样“野蛮”生长。

当然，《礼记》里的“明文规定”绝没有一板一眼为后来人严格遵守，被抛舍的比例占去太多。毕竟，当中的糟粕也多得离谱。而流传至今的部分呢，正是借助一个又一个家庭，一代又一代人的言传身教，得以传承，发扬光大。它们，以日常行为准则、民间礼仪、乡野风俗，甚或传统信仰的面目，以“老规矩”的集体名字，流传于世。这些日常生活中的老规矩，绝对算得上是中国社会道德架构的重要组成部分。

从这个层面讲，老话说“老规矩，丢不得”，老规矩果然没丢。

重申一句，我可没说所有民间的老规矩皆出自《礼记》的礼教思想。我的意思是，天下母亲们嘴里的“口头禅”，我们平日里不知不觉遵守的“老规矩”，多数实乃严格意义上的中华传统美德的高标准、严要求，千真万确与“礼”相隔不远。

这些老规矩，时刻不忘培养一代又一代中华儿女的美好修养和好品格、高素质，养育中华民族的传统美德：在家孝顺双亲、友爱兄弟姊妹、慈爱儿女；在社会则是对国家和自身所服务的集体保持忠诚，对同学朋友和事业伙伴诚信热忱，而哪怕对左邻右舍和陌生的路人甲乙丙丁都坚持良善、仁爱。简单说，就是仁义礼智信、温良恭俭让的传统美德。

这些老规矩，说白了也是中国特色的家庭教育之一。父母时刻叮嘱未成年孩子遵从口口相传的老规矩，遵守约定俗成的秩序，说白了也就是传统的“道德教育”。拔高了讲，就是儒家的“礼乐教化”。

遵守历经数代检验而焕发智慧光彩的老规矩，传承好家教，养育好家风。一旦千千万万家庭具备了好家风，则会培育出整个社会的崇高风尚。

有效地重建美好的社会风尚，莫过于从家庭入手，进行家风建设。而重温老规矩，重塑孩童的道德修为教育，有助于家风建设，进而有助于社会风尚的建设。

说及家风建设，想起习近平总书记2016年的一段讲话。2016年12月12日，习近平总书记曾引用《礼记》中的警句来告诫广大党政干部带头抓好家风建设。当时，是第一届全国文明家庭表彰大会，会上，习近平总书记说：“广大家庭都要弘扬优良家风，以千千万万家庭的好家风支撑起全社会的好风气。特别是各级领导干部要带头抓好家风。《礼记·大学》中说：‘所谓治国必先齐其家者，其家不可教而能教人者，无之。’领导干部的家风，不仅关系自己的家庭，而且关系党风政风。”加强家风建设更是所有家庭的共同目标，习近平总书记继而重申，“家风是社会风气的重要组成部分。家庭不只是人们身体的住处，更是人们心灵的归宿。家风好，就能家道兴盛、和顺美满；家风差，难免殃及子孙、贻害社会。”

对，《礼记》当真讲得好，“治国必先齐其家”。而齐家，简单说，也就是懂点规矩，讲点道理，知些礼节，养些德行。而欲做到这些，去品读中国传统国学经典《礼记》吧。

我读《礼记》时，一页一页，慢条斯理，竟读出百味俱呈。读后作札记，在澳大利亚《大洋时报》以专栏形式连载近两年，字数太多，遂编辑整理为两册出版。一是《口头禅里家风传——妈妈的〈礼记〉》，即本书，另一本是其姊妹篇《一代教出贵族来——爸爸的〈礼记〉》，分别从母亲、父亲的角度来解读《礼记》的当代教育意义。

是为序。

2018 年 2 月于澳大利亚 Central Coast

目　录

第一辑　毋不敬

坐有坐相 …… 1
吃有吃相 …… 27
百善孝为先 …… 44
人靠衣装 …… 63

第二辑　俨若思

莫打落水狗 …… 89
勤俭持家 …… 99
别与“小人”为友 …… 103

家长里短，别不耐烦 …… 115
心存敬畏，行有所止 …… 125

第三辑　安定辞

莫问芳龄莫问财 …… 138
有话好好说 …… 150
多年的媳妇熬成粥 …… 166
你敬我一尺，我敬你一丈 …… 180

跋：有“礼”走遍天下 …… 186
附录一：《礼记》里的“老规矩” …… 193
附录二：母亲的口头禅 …… 198

第一辑　毋不敬

坐有坐相

1

2016 年 10 月 2 日，晚餐。我把左腿搭右腿上，母亲在旁边，当场指出：“蔡成，吃饭不跷二郎腿。”

那是父亲去世第四天。丧事刚毕，家里仍一团乱麻。坐姿为二郎腿，实因太累，这么坐着，你别说，当真舒坦些许。

事也凑巧。当时我们全家因其他事从悉尼直飞深圳。我和妻子、女儿到深圳当晚，父亲突发脑溢血倒在老家菜地，但直到第二天大清早才找到。我们全家赶紧飞赴湖南长沙，朋友开车在机场接我一路奔袭去医院……马不停蹄，一路奔波，总算赶上给父亲送终。接着办丧事，送父亲入土为安。

湖南老家的丧事仍照传统礼俗，仪式感足，程序繁多。几天几夜挤时间眼皮合拢一阵，好累。但母亲的告诫刚出口，我当即两腿并拢，端坐，老老实实吃饭。

那一瞬，年少时，母亲几乎话不离口的，与坐卧立行有关的口头禅又清清楚楚响在脑海里："站要有站相，坐要有坐相，走要有走相。"

母亲长年累月对儿女不厌其烦提醒各项规矩，是她明白，仅凭一个人的坐卧立行以及谈吐吃喝等日常举止，足以瞧出一个人的家教，掂量出一个人的轻重。

不只我母亲知道日常言行举止的重要性，古人早明白，他们并不急于空谈建设祖国解放全人类的远大理想，先强调养成举手投足好习惯的必要性和重要性。故，《礼记·大学》曰："所谓治国必先齐其家者，其家不可教而能教人者，无之。"

《礼记》开篇即说："《曲礼》曰：毋不敬，俨若思，安定辞，安民哉！”

意思是，凡事不要不恭敬，不要不严肃认真，要做到时时刻刻都像在思考问题一样。平常说话要态度安详，条理明晰，言辞准确，抑扬顿挫，节奏分明。做到这些，谦谦君子的形象已具，没有谁不服你。

这好比说汉唐时期的中国，礼仪之邦，因而万国来朝。

落实到衣食住行具体的日常行为，《礼记·曲礼》曰：“若夫坐如尸，立如齐。”

尸，与死尸无关，而是指祭祀时，用个活人假扮先祖的形象代替先祖的神位受祭。祭祀往往有庄严肃穆的仪式。这种场合，嬉皮笑脸绝对不行。那么出演“尸”的，务必端庄稳重。

齐，通“斋”，但古时的齐字依稀已存今天的齐备和整齐之意。同样与祭祀有关。祭祀之前，要斋戒。何为斋？沐浴，然后穿素净衣服，不饮酒，不吃荤菜。戒呢，看过《西游记》的都知道点皮毛。天蓬元帅猪八戒有八戒。哪“八戒”？1. 不杀生。2. 不偷盗。3. 不淫。4. 不妄语。5. 不饮酒。6. 不眠、坐高广华丽之床。7. 不佩奢华璎珞及观听歌舞。8. 食不非时。这“八戒”，大多数人仅仅知道戒游乐淫欲，也就是不与异性求欢，不载歌载舞耽于宴饮欢娱。

由此，“坐如尸，立如齐”，就是说你不管是坐是立，都要端正安然，挺直腰板，虔诚严肃，不能东倒西歪，不能挤眉弄眼，不能心不在焉。说白了，就是哪怕最日常的行为举止，切不可轻佻不当回事，而要尽显恭敬认真的气度。

这与佛门所言“万事须含恭敬心”，有异曲同工之妙。

2

《礼记》将《曲礼》列为第一章，可知此乃强调我们日常小事都得有礼有节，符合礼法精神。曲，即细小的杂事；曲礼，即指为细小事情确立具体的礼仪规范。摆明是别说站、坐、卧、走、言，就是吃、喝、拉、撒都不可轻视，也就是我们日常生活的衣食住行等琐事，统统不可不当回事，而要养成良好习惯。当良好的习惯成为自然而然的行为举止后，非凡气度就算你故意掩饰，也终将脱颖而出。

《世说新语》里有个名人故事，正说明非凡气度非容貌所能遮掩的事实。

故事云：魏武将见匈奴使，自以形陋，不足雄远国，使崔季珪代当之，乃自捉刀立床头。事既毕，令间谍问曰："魏王何如？"匈奴使答曰："魏王信自雅望非常，然床头捉刀人，此乃英雄也。"

魏武就是魏武帝曹操，曹操并没称过帝。他之所以被称为魏武帝，是他儿子曹丕称帝后"追封"给老爸的。

当时，曹操要接见来访的匈奴使者，但他觉得自己个子矮，颜值不高，怕自己不够威猛，没法威慑来使。于是，他想了个好主意，找个帅哥们儿来冒充自己。

看来当真是人人都有自卑时。就算胸怀雄才大略的枭雄曹操，竟也有对自己没信心的特殊时刻。

曹操平时在国内可是相当自负，有回与刘皇叔坐一起闲谈，大言不惭当场宣布天下英雄唯有你我，其他人不过是跑龙套的。言下之意，包括东吴的孙策孙权那俩小子，也一样属于龙套角色。

这话当时可真把刘备吓得够呛。可是，等匈奴使者一出场，曹操也心生惴惴。难道说中国人见外国人多少有点发怵，乃古已有之的"不优良传统"？

也有可能匈奴使者乃北地而来，番人嘛，长得不一样吧。粗胳膊粗腿，高大壮实威猛。匈奴是什么概念？马背上的北方民族，吃肉长大的，喝酒也比中原人海量。吃肉少的中原人，吃的更多是健康养生食品，比如青菜萝卜豆芽菜，能跟吃肉的北方汉子比吗？不能啊。

小个子的曹操生怕自己往人家跟前一站，先就矮了半截。还好，曹操的脑子是有名的好使，找个群众演员当替身。这事想来挺靠谱。

曹操找的替身叫崔季珪，是个有名的帅哥。搁今天，崔季珪就是周润发、黄晓明这号角色。既然崔季珪当替身出演男一号，曹操自己本来可以不跑前台去亮相。但写《三国演义》的罗贯中和《世说新语》的编者刘义庆两位老兄都一口咬定，曹操这个人生性多疑，他觉得崔季珪除了比自己帅，学问才识和政治眼光也还过得去之外，综合能力若跟自己比，还是要差一大截的，所以他非要在现场不可。大概是想，万一姓崔的出了乱子，镇不住场子，他老曹就亲自出马救火。

于是，崔季珪接见匈奴外宾时，曹操拿着刀，假装是贴身保镖，站在崔季珪的座椅边。样子当然要装装，但耳朵竖起，如猎犬。

接见完毕，“魏武捉刀”这出历史剧目的总导演兼编剧兼制片人曹操派密探去问那名“观众”，也就是匈奴使者：“兄弟，你觉得魏王怎么样啊？”匈奴使者如实回答：“魏王风采儒雅，不同凡响，不过呢，我觉得站在魏王榻旁持刀的那个人，才是真正的英雄！”

崔季珪可不是小说里的角色，即崔琰，当时算是个角色。史书上记载他体态雄伟，声音洪亮，眉目疏朗，须长四尺，仪态威重。当然也不仅仅是长得不错，学识也相当高。同志们对他都很仰慕，就连上司曹操对他都有几分敬畏。

接见现场曹操真没别的多余动作，立正、持刀，也许还有双目炯炯直视匈奴使节。领导接见外宾，一般没“保镖”多说话的份。所以，当时曹操估计也没张嘴指点江山或一展歌喉表演爱国歌曲之类，但匈奴使者一眼瞧出，保镖竟比他的“主子”，也就是假冒的魏王更具备英雄气概。

明白了吧，一个人的威严气势，无须长得伟岸，无须废话多说。就那么一站，刚劲挺拔，庄严法相，不怒自威。

我母亲肯定明白这道理，所以反复用口头禅灌输儿女们：站要像松树一样挺拔，不可弯腰驼背；坐要如同古钟那样端正稳定，不可左摇右晃；走起来好比风一样地迅疾有力，不可拖泥带水。

母亲反复告诫我们要以此为标准，我估计有两个目的：其一，这样做，看起来显得精气神旺盛，活力四射。

儿女们稍露有气无力神情，母亲是绝对要痛斥的。“小孩子家，没骨头一样，站没站相坐没坐相，成何体统!”母亲坚信，如果一个人整天病蔫蔫的鬼样子，就一定会把霉运引进门。想想也是，如果你面对一个死气沉沉的人，你定会油然而生阴晦心情。还有，儿女们在家也不许叹气。不分长吁还是短叹，统统决不允许。

其二，为儿女们的健康着想。

母亲给我们讲过两个反面例子。

一个是某小孩，特调皮。村里有个瘸子，每每见瘸子，小孩就学人家瘸子走路。功夫不负有心人，最后孩子自己走路真瘸了。习惯成自然，他瘸的水平完全向真正的瘸腿人看齐了。小品《卖拐》里，范伟跟在故意瘸腿走路的赵本山屁股后头，没走几步，不也瘸了吗？

母亲讲的另一个故事的主角，仍是孩子，戏弄说话口吃的人。戏弄方式是模仿人家说话，结结巴巴，断断续续，吞吞吐吐，故意让可怜的残疾人难堪。结果，同样是熟能生巧，结果自己修炼成精，且青出于蓝而胜于蓝，简直比天生的结巴还要更口吃。

俩例子用铁的事实证明，坏习惯能使一个健康人变成残疾人。反之，正确的日常行为久而久之养成的好习惯，能使人拥有长远的健康。

无须去找现代科技高大上的研究理论，只需开动脑筋寻思片刻就明白。

如果站、坐和行走时不挺起胸来，胸腔受到压挤，胸腔的范围就会缩小，肺活量势必降低，容易形成驼背，脊椎骨变形，脖子硬化，甚而因吸进的氧气不够用而出现心慌气短。而身体长时间缺氧，容易引起心脏病和肺病，生命力受损。因此，没有正确的站、坐、走姿，千真万确，会严重影响身体健康。

3

除了“立如齐”，《礼记·曲礼》还有“立必正方”一说。意即站立时，要正对着一个方位。也就是说，不要斜着站立。又言“游毋倨，立毋跛，坐毋箕”，走路不可大摇大摆显得趾高气扬，站时身子要正，不要偏斜，坐的时候不能两腿叉开。

读到“坐毋箕”时，我想起小时一幕。我姐从生产队出工归来，坐台阶的凳子上，两腿自然摆开。母亲见了，立马喝令我姐站起来进屋。母亲毫不客气教训：“女孩子，要两腿并一起坐。”母亲的话，呵呵，原始出处在此，“坐毋箕”。

“箕”，即“箕踞”。箕踞是古代坐姿之一，属于不受人民群众欢迎的坐姿。

清代段玉裁所著的《说文解字注》里有解释：“箕踞，则臀着席，而伸其脚于前。”屁股坐席上，两腿伸直张开，像个八字，似农村用竹篾片编织的簸箕。

张开两腿坐，对女子而言，或恐春色逸出。因古人不分男女，都不穿内裤。古人穿什么衣服，请参阅本书《人靠衣装》一章。你张开两腿，那就容易让春光外泄。现在虽然女子不但穿内裤，还有长裤，但叉开腿坐，依旧是忌讳。为何说禁忌，请继续往下读——先透露点，女子叉开腿坐，有“门户大开，大肆迎宾”的意思。

男性呢，张开腿坐，且不提走光的事，首先是大不敬。

《论语·宪问》里有个故事：原壤夷俟。子曰：“幼而不孙弟，长而无述焉，老而不死，是为贼。”以杖叩其胫。

话说那天孔子去原壤家串门。去了一看，原壤叉开两腿坐在那等他。孔子这人一贯提倡上至王侯将相下至劳苦大众，都要满怀仁爱之心，要知书达礼要有涵养，但他看到原壤这般坐相，当场发作，斯文扫地，简直是破口大骂的形象啊。

“原壤你这家伙小时候就不尊敬师长，长大又拿不出让人称道的本事，年纪大了一官半职也没混到，除了只会吃喝浪费口粮老不死之外，太没名堂了，天生一个混账东西！”

什么原因让孔子撕破脸皮如此恼羞成怒？都怪原壤太

过分了，居然“夷俟”，也就是以箕踞的坐姿迎接孔圣人。不能怪孔子翻脸不认人！孔子直接拿拐杖敲打原壤的小腿。居然敢在我面前叉开两腿坐着，太过分了，典型的欠抽型！孔子当然不会重杖原壤，打断人家的腿咋办？教育为主，治病救人嘛，给他点颜色瞧瞧就够了。

原壤其实是孔子多年的老朋友，而且据说是同一个村子的——我查找原壤的资料时，竟发现一篇异想天开的奇文。文章信誓旦旦宣布，经过该作者本人的仔细分析，得出结论，原壤是孔子的私生子！我当然懒得去相信，就像我懒得相信另外有人自称考证出卫灵公夫人南子和孔子关系暧昧的粉红故事。这类哗众取宠的所谓研究考证，适合于仰天小笑一阵。

原壤和孔子的关系相当亲密倒是真的。《礼记·檀弓》里还有个故事，充分表明他们俩是铁哥们儿老伙计。

《礼记·檀弓》：孔子之故人曰原壤，其母死，夫子助之沐椁。原壤登木曰：“久矣予之不托于音也。”歌曰：“狸首之斑然，执女手之卷然。”夫子为弗闻也者而过之。从者曰：“子未可以已乎？”夫子曰：“丘闻之：亲者毋失其为亲也，故者毋失其为故也。”

原壤的母亲去世了，孔子去吊丧，帮原壤修整棺木。结果原壤这个人竟然“学”后世的嵇康、阮籍，做出一个反常举动。他爬上母亲的棺木，不管不顾，自言自语："我好久好久没唱歌表达自己的感情了，现在来一段吧。"全然不顾在场男女的惊讶，张嘴就唱起来，"小狸猫啊，你头上的花纹多么的斑斓绚丽；轻轻握住窈窕淑女的手啊，你的手是那么的纤美娇嫩。"这一刻，孔子脸上肯定变色了。可是，孔子假装没听到，从旁边绕过去了。孔子的随从忍不住劝慰老师："他这样无礼，难道您不跟他一刀两断从此绝交吗？"孔子摇头，说："我听别人讲，是亲人，打断骨头连着筋，无论怎样，血缘关系断不了，永远是亲人。既然是老朋友，无论他做对做错，都始终不要抛弃老交情。"

同样是原壤，他在母亲的丧事上要疯，孔子宽容地原谅他——应该说，他是理解原壤吧。因为人一旦伤心到极处，难免会做出打破常规的异常举动。但原壤叉开腿坐着面对孔子的光临，孔子就暴跳如雷。是孔子不分轻重吗？非也。

盖因叉开腿坐着去面对他人，是羞辱他人的最不可原谅的恶劣行径！

蹲过马步的人都知道，叉开两腿蹲，比仅仅并拢两腿蹲，要放松不少。叉开两腿坐，比紧紧并拢两腿坐，也要舒适轻松太多。但，叉开两腿坐，在民间与一些不宜公开的忌讳有千丝万缕的关系。

在我故乡，说“叉开腿”，有俩意思。一是男女性爱，不分上下，双方都叉开腿。所以女子叉开腿坐，有“门户大开”的引申含义。二是女子生孩子，也是叉开腿，叉得越开生娃的难度越小。

毕飞宇的代表作《玉米》，刚开头就写施桂芳生了7个丫头后终于扬眉吐气生了两腿间带小锤子的小八子，从此有了自足自满感觉，有了骄傲资本，连站都没站相了。毕飞宇说施桂芳“只用一只脚站，另一只却要垫到门槛上去。”村里的二婶子看了施桂芳这样子，心里气，暗地里呸她，“大腿叉了八回才叉出个儿子，还有脸面做出女支书的模样来呢。”

原壤因叉开两条腿坐挨了骂，还有个名人的老婆，也因叉开两腿坐，差点被老公写下休书赶回娘家。

西汉的韩婴编撰了一本书叫《韩诗外传》，里面有个故事以孔子的传人孟子为第一配角。“孟子妻独居，踞。孟子入户视之，白其母曰：妇无礼，请去之。”

老婆既然是在自家，又是室内，便张开两腿坐着，不巧被她的著名丈夫孟子先生撞见了。孟子马上报告娘亲：“这个婆娘不知礼法，请求母亲同意我马上休了她。”

孟子妻在家“踞”，不知是箕踞还是蹲踞。

蹲踞是脚底和臀部着地，两膝弯曲上耸的坐姿，也就是蹲着坐。蹲踞和箕踞不同的地方是，箕踞是坐着时把腿伸直，而蹲踞是膝盖弯曲，屁股和两个脚掌在同一水平面，双腿不伸直。

但二者相似点是，都得张开双腿。管你膝盖弯不弯曲，只要是叉开腿，就有下体袒露的危险。怪不得孟子勃然大怒。

箕踞或蹲踞的危害除了或致春光乍现，还有不敬、侮辱人的意思。

《史记·高祖本纪》说："不宜踞见长者"，荆轲刺秦王失败后，"倚柱而笑，箕踞以骂"。

可见，古时的坐姿之"踞"，忌讳也。孔子责打原壤，原因就在此啊。

但，既然非礼，为何有箕踞和蹲踞这两种坐姿呢？这是因为，与礼法严格要求的正襟危坐相比，蹲踞和箕踞，是相对更为舒适、更随意的休息性坐姿，对于那些从事体力劳作的人来说，这是最舒适的坐姿。

我小时候的农村大集体时期，农忙季节，一逢生产队长宣布休息一阵再上工，田埂上、草垛旁，都是蹲踞和箕踞的父老乡亲。那个舒适的样子啊，不亚于喝了一口米酒下肚。2011 年，我回国去甘肃给从未谋面的岳父上坟。在甘肃永登县的农村，冬天，看到好多人懒洋洋靠着墙根或蹲或坐地晒太阳。现在回想，那就是荆轲的坐姿了。荆轲是倚柱箕踞，我所见的懒洋洋晒太阳的人则是倚墙箕踞。

4

《礼记》说“坐毋箕”，那么，什么样的坐相才是符合孔孟眼中的高标准？

在汉文帝面前大谈鬼神的贾谊，有本他的作品集名为《新书》，由刘向编撰而成。相比于贾谊的代表作《过秦论》《论积贮疏》《陈政事疏》等大作，《新书》似乎没太大知名度，不过，对后世的礼制建设影响却不小。

贾谊曾给汉文帝上书《论定制度兴礼乐疏》。他给汉文帝出主意，提议“改正朔、易服色、制法度、兴礼乐”，进行礼制改革。他以儒家学说和五行学说为核心思想，精心设计了一整套礼仪制度。包括立、走、坐、卧、跪、拜、坐车甚至胎教都有明确规定。

《新书》可以看作贾谊特意为大汉帝国起草的“礼仪标准教材”，不过，汉文帝并没采纳。“可怜夜半虚前席，不问苍生问鬼神。”相比天下百姓，皇帝老子更关心那些鬼神的稀罕事儿。当然《新书》里也有“道术”和“六术”内容，也算满足了皇帝的情趣爱好。

其中《新书·容经》里写道：“坐以经立之容，胻不差而足不跌，视平衡曰经坐，微俯视尊者之膝曰共坐，仰首视不出寻常之内曰肃坐，废首低肘曰卑坐。”

用今天的话来说就是：身体挺直了坐下，小腿不要伸得一前一后，脚掌不要着地（其实脚掌根本无法着地，因为跪着呢，是脚背着地），两眼平视，称为“经坐”。经坐时，膝盖并紧，臀部坐在脚跟上，脚背贴地，双手放在膝盖上，目视前方。经坐实际上应该就是名气更大的“安坐”。这是中国最早在贵族之间盛行的坐姿。简单说，就是先跪而后放臀部在自己的小腿上，所以又称为“跪坐”。安坐据说源头是摆放神灵受祭时的特殊姿势“尸坐”，所以尽显庄严肃穆。而常见的正襟危坐，也指此坐姿。它的另一个名字“正坐”，估计即由此而来。今天的日本人，喝茶时，常有采用安坐方式的，围坐茶榻品饮。这种坐姿深具祥和从容的贵族风范，所以后世又有人称之为“雅座”。这个雅座和而今茶楼酒肆里写上“雅座”的小包间是截然不同的意思。

头微低，目光注视对面尊者的膝盖，叫“恭坐”。

端端正正坐着，严肃拘谨，低头，目光不超出身边数尺远，则为“肃坐”。

头完全低下来，甚至连手肘都下垂，则叫“卑坐”。

这简直像低头认错了。

讲这么多种“坐”，需要特别提醒的是，事实上，古人最初的“坐”和今天的“坐”是完全不同的动作。

古人的坐，是席地而坐。地位高的爱干净，就坐席上，或坐矮榻上。不管怎样坐，古人坐的时候，都是让臀部枕在腿肚子上。而我们是坐在凳子或椅子上，腿下垂。直到魏晋时代，中国人才开始放弃席地而坐，终于抬高屁股的地位，给屁股安排了一个海拔高度约等于小腿长度的承重工具，从而坐下时，足以让双腿自然下垂。当时，称这个坐姿为“垂足坐”。写至此，我意识到今天的日本人，实际算真正坚守了古代中国的众多传统。你回头去琢磨琢磨日本人的坐姿，正是没椅子前中国古人的坐姿。

垂足坐，最初是坐在床上。没办法，那时候中国还没发明椅子呢。

李太白的“床前明月光，疑似地上霜”，曾让很多人迷惑，以为李太白家太穷，住的房间居然没屋顶，明月光都直接落床前了。实际上，这个床不是今天的睡具，是坐具呢，从西域传来的。西域人，古人称之为“胡人”，胡人的坐具，也就叫胡床。胡人的坐姿，就是胡坐。匈奴人来参见曹操，万幸，当时的汉人没有称他们为“胡来”。还有，胡说八道与胡人无关，胡搅蛮缠也与胡人无关。

坐床，正确说法是坐胡床，姿势与今天我们的常规坐法几乎一模一样。

《后汉书》记载：“灵帝好胡服、胡帐、胡床、胡坐、胡饭、胡箜篌、胡笛、胡舞，京都贵戚皆竞为之。”因皇帝的个人喜好，“胡坐”这个新潮坐法首先在京城贵族中间流行开来。继而，这种坐姿，因为彻底解放了屁股和两腿，绝对代表了先进生产力，代表了先进文化，代表了最广大劳动人民的根本需要的流行时尚，在劳苦大众中传播开来，风靡一时。从此，胡坐一统江湖，坐，也变得更舒适，更容易，更有助于身体健康。

坐得舒适，得感谢椅子。胡床是没有靠背和扶手的。唐玄宗爱出游，他出游可不是微服私访，而是威风八面地视察巡游。出远门总得坐凳子休息吧，他的手下开动脑筋，改造了胡床。胡床当时真名为“交床”。不过因大唐之前的隋朝皇帝隋炀帝讨厌胡人，于是搞了一场轰轰烈烈的“去胡运动”。当时胡瓜改名黄瓜，胡床改名为交床。所以唐玄宗时期胡床的大名已经是交床。

改造后的交床果然让大唐皇帝坐得更爽。接着，广大人民群众进一步开动脑筋，给交床添加了靠背、扶手，让坐的人能有所“倚靠”。“倚”通“椅”，于是“椅子”走上历史舞台。从此，交床顺理成章改名为“交椅”。

所以，先不谈坐姿，我们今天坐得舒适，首先得感谢那个给大唐皇帝李隆基跑腿的无名英雄。是他发明了椅子，才让我们终于拥有一个安放屁股的装置。椅子在屁股底下受苦受累，却让我们的坐从此跨入一个至今都没超越的高度。无论怎么坐，再坐不出更先进的新花样。就算坐龙椅，还不是屁股搁椅子上，双腿下垂！

有坐就有站。坐的花样够多了，而对于站，贾谊又有如下描述："固颐正视，平肩正背，臂如抱鼓。足闲二寸，端面摄缨。端股整足，体不摇肘，曰经立；因以微磬曰共立；因以磬折曰肃立；因以垂佩曰卑立。"

经立时身体端正、平视前方，双肩在同一水平线，背自然挺直，两手相合，放胸口或下腹，形如抱一面鼓。此时，腿脚轻轻并拢，面容端正，手臂不可晃动。经立时背部并非仪仗队那样僵硬地绷直，而是自然直立即可，这样可以让穿在身上的汉服顺势贴身而尽显自然柔和之美。

上身向前稍微倾折，以示恭敬，此所谓"共立"（恭立）。

站立式上身向前倾斜，也就是腰部弯折约呈 30 度，叫"肃立"。

弯腰弯到玉佩垂到地上的，叫作"卑立"，这类似于躬身而立了。

贾谊笔下的站和坐，看名字就清楚，好几个是近亲。经坐与经立，恭坐与恭立，肃坐与肃立，卑坐与卑立。而上半身的倾斜度不同，大概与对他人的崇敬程度或自身地位有关。

仰头或抬头挺胸式的站姿，古时被视为傲慢，乃无礼之举。就算今天，仪仗队或哨兵站岗，抬头挺胸可以，其他时候，上半身稍微倾低的站姿，更妥。这个站姿尽显谦逊和稳重。最不济，在他人跟前，眼睛足以平视对方眼睛，或者是头部略低，更能示敬和显示自己的涵养。

贾谊也没忘给“行走”定规矩：“行以微磬之容，臂不摇掉，肩不下上，身似不则，从容而任。”行走的时候，微微俯身，不要甩动大臂，肩膀要平，不要忽上忽下，身体正直，从容而行。

还有小步快走，也就是我故乡的人常说的“打飞跑”。“趋以微磬之容，飘然翼然，肩状若流，足如射箭。”趋，就是小步快走。脚后跟不得离开地面太多，但也不是完全鞋跟曳地而行。这样一来，行走时，不能抬腿过高，也就不能大踏步前进。于是步伐急促，紧密前行。一般是在相对紧急时，或表示不敢怠慢时，会小步快走。

人与人初次见面，哪怕来不及张嘴说一句话，仅凭你的站、立、行等日常动作，对方足以偷偷给你做出判断。

你的站姿是抬头挺胸气宇轩昂，还是东倒西歪垂头丧气；你的坐姿是端庄稳重安详和乐，还是弯腰驼背东摇西摆；你的脚步是慌不择路，还是从容舒缓……每个细节，都能确认你属于哪类人，也决定了他人与你下一步是刎颈之交还是点头之交。

5

《礼记》里的坐和今天的坐截然不同，但坐的态度和要求可以保持高度一致。

饮酒吃饭的时候如何坐?

《礼记·曲礼》这般规定："虚坐尽后，食坐尽前。坐必安，执尔颜。"

坐桌旁，不饮酒吃饭时，身子要尽量靠后。而饮酒吃饭时，身子要尽量靠近饭桌。而无论饮酒吃饭与否，都必须坐相安稳，保持容颜。

也就是说，宴饮时，如果坐桌旁，还没正式开席上菜举杯，我们的后腰尽量与椅子的靠背近距离亲密接触。而大家都动手动嘴喝酒吃饭了，就将臀部向前移动，前胸尽量贴近桌子边沿，当然并非密不透风。另外，也须遵古训，不要吃相难看，乱了神态，就算满桌子山珍海味，也得保持从容仪态。

读书的时候如何坐？

《礼记·玉藻》里有这样的话：“读书、食，则齐。”读书也好，就餐也好，坐的时候，身子要和桌子前沿平齐。也就是说，你不可歪斜着身子坐，前胸和桌子大致成两条平行线。

陪年长者如何坐？

在长者身边陪坐，鞋子不能穿上堂。脱鞋的时候也不要当着长者的面在台阶上脱。陪坐完，穿鞋也不可当着长者的面穿，而要跪着拿鞋，然后后退着到角落去穿。“侍坐于长者，屦不上于堂，解屦不敢当阶。就屦，跪而举之，屏于侧。”此语见《礼记·曲礼》。

陪老师如何坐？

“侍坐于先生，先生问焉，终则对。请业则起，请益则起。”在老师跟前陪坐，老师提问时，必须等老师把话说完再回答，就算老师一张嘴，你就知道标准答案了，你也别逞能抢答。向老师请教问题，必须起立。如果听一遍依旧不懂，请老师再讲解一次时又要再次起立。

陪自己所尊重的长者或能者，如何坐？

“侍坐于所尊敬，毋余席。”在尊敬的长辈或能者旁边陪坐，要恭敬地坐在离他最近的一个座位，而不要让自己和他之间有一个空座位。

父子如何坐？

“父子不同席。”父子不同坐一张席。也就是说，父子不能平起平坐。古时，父子间有深远的“鸿沟”，不可随意逾越。汪曾祺写文章说，多年父子成兄弟，那是后世的事。

异性同桌如何坐？

“男女不杂坐。”好比说，同学聚会，论古，男女同学最好是同性坐一块，异性不可穿插混杂其间。

别人已经落座，你如何坐？

“离坐离立，毋往参焉。”意思是，有两个人如果已经落座，不要插身到他们中间去落座。如果他们两人之间有空着的席位，也不要贸然进去把屁股大大咧咧放下，主人安排你就座才另当别论。

和别人坐一起时如何坐？

《礼记·曲礼》曰：“并坐不横肱。”也就是说，和人坐一起时，不要横起胳膊。

与人同坐，何止是不能横起胳膊，和人同坐时，不能手舞足蹈，不可左摇右晃，不可前仰后翻，更不能唾沫横飞。因为你的动作过大，很可能让你的肢体与邻座接触，严重的，甚至伤到他人。至于你的唾沫星子飞溅到他人脸上，那“伤害”就更深了。与人同坐，安静，优雅，才是唯一正选。

上世纪70年代末，我在故乡的金盆小学就读。老师规定，上课听讲时，坐好，抬头看黑板，挺胸靠课桌，双手放腰后，左手扣右手，目不斜视，严肃认真。这个坐姿，不知谁规定的，《礼记》里没找到。

佛教的打坐，趺坐，互交二足，将右脚盘放左腿上，左脚盘放于右腿上。据说所有坐姿中，这种坐姿最安稳又不易疲倦，为圆满安坐之相，又名如来坐、佛坐。《礼记》里也没找到，不怪编写《礼记》的大戴小戴搜集不齐整，因为佛学传入我国，是后世的大唐呢。

综上所述，大体可以归纳为：最合乎《礼记》标准的坐姿是，就座时轻而稳，入座后上身自然挺直，挺胸，双膝自然并拢，双腿自然弯曲，双肩平整放松，双臂自然弯曲，双手自然放在双腿上或椅子、沙发扶手上，掌心向下。头不能东张西望，脸正，嘴微闭，下颌微收，双目平视前方，面容平和从容。

反正，无论何时何地，《礼记》的要求再明显不过，坐要身正，要稳，要端庄，要舒适。当他人在场时，坐要心怀恭敬。做到这些，简简单单一个坐，就能让自己尽显文雅、端庄、沉着、冷静的气质与修养。

6

《礼记》里没提供坐的禁忌，我母亲用太多细则做了充分的补充。

坐万万不可前仰后翻左摇右晃，双腿不可叉开，两腿不可伸直占领别人的地盘。

坐下后不能随意挪动椅子。不可将大腿并拢小腿分开写八字，不能双手压在屁股底下。不能架二郎腿或扭麻花。腿脚绝对不能抖动。不要猛坐猛起，以免惊吓了别人。

与人谈话时不要用手支着下巴。坐沙发时不应太靠里面，不能呈后仰状态。

坐时双手不要放在两腿中间，脚尖不要指向他人。

坐时不要脚跟落地、脚尖离地。

坐时不要双手撑椅，不能双手抱胸前。

坐时不要把脚架在桌子、椅子或沙发扶手上。因为，太没规矩了！不符合坐有坐相。

坐有禁忌，同理，站也有。《礼记》里并没就站的姿态列出一堆禁忌。我母亲却在日常的絮絮叨叨闲语中，说了不少不可违的规矩。

站不可东倒西歪，无精打采，懒散地倚靠在墙上、桌子上；站不可低头、歪脖子、含胸、端肩、驼背。站不可金鸡独立，也就是不能一条腿站着；站不可将手叉在裤袋里面，双手交叉抱在胸前，或是双手叉腰；站不可双脚叉开，站不可一手或两手叉腰（那是电影里“南下干部”的标准动作，也有人说是伟人的专属动作之一），站不可挺腹翘臀；站不可两腿交叉扭麻花撑地……太多，我不想写了。

吃有吃相

1

《礼记》关于吃喝的注意事项真多。

《礼记·曲礼》曰："毋抟饭，毋放饭，毋流歠，毋咤食，毋啮骨，毋反鱼肉，毋投与狗骨。毋固获，毋扬饭，饭黍毋以箸，毋嚃羹，毋絮羹，毋刺齿，毋歠醢。客絮羹，主人辞不能亨；客歠醢，主人辞以窭。濡肉齿决，干肉不齿决，毋嘬炙。"

这跟我母亲常说的"吃有吃相"如出一辙。先将《礼记·曲礼》里这段就餐"规矩"意译一番。

不要用手撮饭团。

已盛到碗里的饭不要拨回饭锅去。盛饭时贪多，盛放得太满，那岂止是失礼，是犯傻。因为，饭在碗里堆成富士山了，菜往哪儿搁——你的脸更没地方搁。

喝汤时不要喝得太起劲以至于嘴角口水淋漓。

甭管吃啥，就算再美味，拜托你别劳舌头的大驾，在口腔里吧唧吧唧回味无穷似的闹腾出天大动静来。

不要手举着根硬骨头啃呀啃。只有狗才爱啃骨头。

不要把吃过的鱼肉放回盘子，有让人家吃你的口水或者吃你的剩菜嫌疑。

别把骨头丢给狗吃。把骨头丢给狗吃，会招惹狗们在桌子底下和餐桌四周聚集、争抢，会制造小范围的骚动。

别举着筷子一心一意净向自己最喜欢吃的那道菜发起疯狂进攻。

不要为让发烫的米饭尽快凉下来，而用筷子把米饭像晒谷子那样恨不得扬到月球上去凉快半晌再掉下来。

吃小米饭不要用筷子。古人说“当用匕”。由“匕”发展出“匙”，也就是勺子，又称“调羹”。

喝汤时不要不咀嚼里面的菜，别动不动比赛似的，好像谁吃得快就可以登上吉尼斯纪录大全而狼吞虎咽。

在张三家做客，餐桌上拜托您别自己动手给羹汤放佐料调味。

吃饭时不可挥舞着牙签牙线当成孙悟空的金箍棒，就地表演剔牙特技。

不要贪图用于调味的酱醋美味，而把它们当汤一口干掉。

万一有客人不管不顾，竟然亲自给羹汤——当然也包括其他饭菜——调味，主人要马上向客人道歉，表示自己烹饪手艺太差劲，才导致客人动手添加味料。

某个奇葩客人不识趣，连油盐酱醋姜葱等调料都消灭光的话，主人要致歉称对不起啊，我的食物准备得严重不足。

湿软的肉，用牙齿咬着吃。

干硬的肉，就请牙齿休息，劳驾你用手撕碎了再吃。肉太干硬，你却大块塞嘴里，很可能会咀嚼得腮帮子酸痛。要将大块的干肉化整为零，集中优势兵力各个击破，有助于速战速决……

2

读《礼记》里的这些规矩，禁不住乐出声。

比如，不要撮饭团。中国夏商周时期，就开始使用筷子，哪里用得着手撮饭团。我在澳洲和同事一起就餐，发现印度人爱用手撮饭团吃。五指并拢，撮一团米饭，在咖喱酱里蘸一下，再送进牙齿缝里。新疆好像也有手抓饭哦。

还有，喝汤不能不管汤里面的菜就囫囵咽下去，这提醒似乎也多余。假如是猪骨头炖海带汤，假如是土鸡煲香菇汤，假如是人参燕窝汤，假如是瓦罐煨筒子骨汤，你不管三七二十一，张开血盆大口直接吞咽试试看。就算汤里的硬东西不卡得你半死不活，也得噎得你翻半天白眼。即便是“心灵鸡汤”，也不适合狼吞虎咽。偏要狼吞虎咽，那相当于肉包子打狗，浪费那杯似乎香喷喷的营养丰富的鸡汤。

嗨，古人真为吃喝操碎了心啊。比如喝汤，《礼记》提醒我们，“羹之有菜者用梜，其无菜者不用梜”。汤里有菜就用筷子打捞，用嘴巴干掉，然后才喝汤。如果是清汤寡水，就算了，请筷子下岗，直接嘴巴上阵。

连汤如何喝，《礼记》都表现出如此重点关注的态度，由此可见，孔夫子对吃喝大事抱以相当高度的关心。民以食为天，温饱问题解决了，才有闲心去追求文化知识，追求精神文明，才有干劲去为人民服务……盖因如此，《礼记·礼运》高屋建瓴宣布：“夫礼之初，始诸饮食。”意思是，礼最初是从饮食开始的。

既然餐桌是礼法精神的“发源地”，那么吃喝自然得制定一堆规矩。不过，综观《礼记》中与饮食有关的条条框框，除了极少数让人发笑之外，更多的足以产生政治纪律的同类效果。

数数《礼记·曲礼》这段餐桌规矩，居然有 14 个“毋”字。不管把“毋”译成“不要”还是“不准”，甚至于“严禁”，都给人严肃甚而严厉感觉。衣食住行的日常行为，一口气摆出如此多准则要求人去老老实实遵守的，独“食”而无其他，可见古人对饮食礼仪的重视程度。

3

《礼记·曲礼》之外，《礼记·少仪》也来帮腔：“燕侍食于君子，则先饭而后已，毋放饭，毋流歠，小饭而亟之，数噍，毋为口容。客自彻，辞焉则止。客爵居左，其饮居右。介爵、酢爵、僎爵皆居右。羞濡鱼者进尾。冬右腴，夏右鳍，祭肶。凡齐，执之以右，居之于左。”

其中的“毋放饭，毋流歠”可谓老调重弹，因为在《礼记·曲礼》已出现。

《礼记·少仪》里的个别饮食规范，让人糊涂。为什么说闲暇时陪长者吃饭，自己要先动嘴呢（“先饭”）？难道是怕饭太烫？

对“小饭而亟之”我也疑惑。小口吃饭可理解，但要赶紧咽下，就不怕噎着？养生之道称细嚼慢咽有利于健康，《礼记》却倡议“亟之”。当然，也有解释说，这样才能及时回答君子的问话。

接下来的“数噍，毋为口容”大概是吃饭要反复咀嚼，但不要塞得太满以至于腮帮子都鼓起来模样难看。

吃完，客人想自己收拾餐具，出于礼貌，主人自然会劝阻。

古人上菜也有讲究的。你瞧，“羞濡鱼者进尾。冬右腴，夏右鳍。”平常吃鱼，比如红烧鲤鱼，有汤汁,《礼记》要求鱼尾巴朝前摆放。到冬天，上鱼时让鱼腹摆右边，夏天上鱼时让鱼脊在右。如果是干鱼呢，没汤汁，比如湖南的烟熏腊鱼，鱼头这时唱主角了，正对着席上最尊贵的客人。

为何这样摆？鱼尾朝前摆放，意思是向着在餐桌上的最尊贵者摆放。鱼尾的鱼肉和鱼骨易分离，便于尊贵者取食。

不同季节，冬天夏天，餐桌上摆鱼要区别对待。冬天鱼肚朝右，夏天鱼鳍向右。

盖因古人认为冬天时鱼的阳气在腹，夏天时阳气则在鳍。而阳气所在之处，肉味更肥美。肥美的一边朝右摆放，都是便于尊贵的客人右手取食。也就是说，餐桌上摆放鱼时，通过方向调整来表达对尊贵者的敬重。可是，万一你是左撇子，只能左手夹菜的话，那对不起，估计你只能少吃几筷子。

《礼记》里除了对鱼的摆放做了明确安排，其他饭菜如何摆放也做了具体安排：把带骨头的熟肉放在左边，切成片的肉放在右边。饭食放在左边，菜汤、肉汤放在右边；烤肉放在稍远的位置，肉酱放在稍近的位置。这样做，目的明确，那就是方便于蘸食——“凡进食之礼，左肴右胾，食居人之左，羹居人之右；脍炙处外，醯酱处内；葱渫处末，酒浆处右。以脯脩置者，左朐右末。”

总之，食物摆放，表面看为客人举箸方便，实质则是表达对客人敬重。

在古代，饭菜食用上有严格规定，通过饮食礼仪体现等级区别。如王公贵族讲究“牛宜稌，羊宜黍，象直稷，犬宜粱，雁直麦，鱼宜涨，凡君子食恒放焉”。而贫民的日常饭食则以豆饭藿羹为主，“民之所食，大抵豆饭藿羹。”至于当国家一把手的，光菜肴就有二十余种。“凡王之馈，食用六谷，膳用六牲，饮用六清，羞用百有二十品，珍用八物，酱用百有二十瓮”。这告诉我们，级别不同，吃喝标准有异，但就算天皇老子的饮食也要符合礼教。

《礼记·礼器》曰：“礼有以多为贵者……天子之豆二十有六，诸公十有六，诸侯十有二，上大夫八，下大夫六。”而民间平民的饮食之礼则“乡饮酒之礼……六十者三豆，七十者四豆，八十者五豆，九十者六豆，所以明养老也”。乡饮酒礼，是乡人聚会饮酒之礼。在这种庆祝会上，最受恭敬的是长者。

4

把《礼记》翻来覆去读几遍，奇怪书中没对宾客如何就座排尊卑次序。这可是饮食礼仪的重点，怎么会忽略了呢？

年少，逢年过节来客人，就餐时，母亲肯定有叮嘱，小孩子不上桌。桌是八仙桌，坐八个人，哪轮小屁孩上席。不只孩子不上席，母亲也不坐主桌。男人喝了酒难免吹牛皮，女人何苦去掺和。《礼记》里，女人也被要求不得上席就餐。

八仙桌上主客如何排列？母亲不曾说教，但瞧几次就瞧出门道。

一般来说，身份地位越尊贵的人，他的座位也就越靠房子的最里边。反之则靠外。

宴席上，古人根据“在朝序爵，在野序齿”这一标准来判定尊贵序列。也就是说，凡做官，同僚一起吃饭，根据官职的高低来判定尊卑，从而安排主次座位。职位越高，头顶乌纱帽越有分量，其座位就越尊贵，反之则卑微。如在座者都没摸爬滚打于仕途，那就凭借年龄大小来判定尊卑安排座位，年龄越大的越尊贵，越小的越卑微。

尊贵者安排在桌子的“主位”，又称“正位”，靠最里边，坐下来面朝大门。

就餐的屋子南北向，面南为尊，反之为卑。古人的房间，南北向的，基本是堂屋，也叫客堂。在我故乡，旧时的建筑，比如老四合院，客堂没大门，只有三面墙，甚至两面墙，这在那些古装的电影电视剧里，常可见老宅里的“堂”，几根粗大的立柱撑起房梁，没门。

现在的堂屋为安全起见建有大门。然不管古今，堂屋绝大多数朝南。在我故乡，逢红白喜事，定大摆宴席。而堂屋里摆的宴席，指定是“高宾”，也就是最尊贵客人的座席。堂屋里坐北朝南的座位为尊，然后尊卑顺序依次为：面朝西，面朝东，面朝北。

而室呢，有卧室、茶室、会客室。古人的规矩是，在“室”内摆宴席，坐西朝东的座位为尊。然后自尊至卑的顺序依次为：面朝南，面朝北，面朝西。

《史记》里，项羽请刘备赴鸿门宴，座位安排费了不少心思。司马迁这样记录：“项王、项伯东向坐。亚父南向坐。亚父者，范增也。沛公北向坐，张良西向侍。”

项羽宴请刘邦，肯定不是在堂屋。堂屋古时没大门，楚汉双方高层聚首品酒，据说还要商量军机大事。尽管敌我双方各怀鬼胎，但坐的屋子连门都没有，成何体统？鸿门宴肯定是摆在“室”内，以东向为尊。项羽以霸王自居，项伯是项羽叔叔，所以二人均朝东而坐；范增朝南而坐，仅次于项氏叔侄；刘邦朝北坐，卑于范增；张良位最卑，朝西侍坐。

判断尊卑后，主人要让客人坐下，自己才落座。主客全落座后，才开始上菜。

中国人吃饭，佳肴一定有，但怎会少了美酒助兴呢？《礼记·少仪》这样规劝我们，“未步爵，不尝羞。”就是说，你不喝酒，就不要吃肉菜。你瞧，“美酒佳肴”这词，美酒排在佳肴前面，可见酒既然上宴席就绝非当配角。借酒助兴，酒杯的摆放也有规矩。不饮酒时，杯子放左手边，准备饮酒时再将杯子移到右手边。理由是，方便客人。如果是左撇子，那可能要反过来了。

5

相比于《礼记》对饮食礼仪的规定，记忆中我母亲对吃相讲究更细致。大多是饮食禁忌。

“吃有吃相，站有站相”是母亲经常挂在嘴边的口头禅。她始终坚定不移地认为，吃相站相，是考量一个人教养好坏的最简单直接方法。在母亲看来，人一张嘴，一动脚，就能轻松判断出这个人的素质和家庭背景了。正因如此，每逢吃饭，我母亲会采取“现场办公”方式，对餐桌上儿女们出现的问题就地解决，而后严加管教。

香港有句俗语叫“餐头食饭教仔女”，与我母亲总是利用餐桌上的光阴争分夺秒教育儿女，同一个意思。都是指就餐时家人齐聚，可借机教导、提醒儿女培养正确的礼仪习惯。从另一方面考虑，人的教养和修为，首先就要从美好优雅的饮食礼仪开始培养。这理，和《礼记》里的“夫礼之初，始诸饮食”之说如出一辙。

简单说几句我母亲的部分“餐桌语录”吧。

“饭前洗手。”这句，可进《小学生守则》。

“吃饭干吗端着碗四处游逛？只有讨饭的才会拿着破碗满世界窜。”

“吃饭不准坐门槛上，不准坐地上。”母亲说，把门槛当凳子坐着吃饭是乞丐行径。

“规规矩矩坐桌边，一手举筷，一手把碗。”单手吃饭，有残疾嫌疑。

“吃饭不能吧嗒嘴，不能舔嘴唇嘴角。”这疑似抄袭《礼记》。

吃饭最不能原谅的，是坐在椅子上摇晃。也不只是吃饭坐凳子椅子不能摇晃身子，平时坐也好，站也好，都不能东摇西晃。我母亲说："会把家财都摇落，落得一干二净。"这其实也属于"坐有坐相"的禁忌了。以前听我母亲讲坐凳子摇晃会把财摇落，会破财，我想当然认定此乃迷信。长大后才知，这是民间千百年总结出来的智慧。虽然，带着土坷垃的泥巴味，实际却焕发出赤裸裸的真理光芒。

你想想，一个人，站或坐，总是左右摇晃，好似戴耳机听摇滚自得其乐状，给他人的第一感觉便是，该人不稳重。我故乡的人用"吊儿郎当"去评点这类人，称他们"不足以当大事"。既然不足以赋予重任，那么，经商的人不会选取他们为合伙人，官员选拔人才时也不会将他们纳入候选人队伍……岂不就等于"失财"。坐着时习惯跷二郎腿狠劲抖腿的人，也被我故乡的人同样归入"破财队伍"。

再爱吃的菜，吃饭时也不能吃"连把箸"。我母亲说，"馋相，难看。"连把箸，就是夹一筷子好吃的菜蔬不落自己的饭碗，直接送进嘴里，继而不停顿，又夹一筷子送嘴里，再来，继续，继续，继续……旁若无人，马不停蹄。故乡人一般会这样说这种不雅动作，"馋死鬼，八辈子没吃过似的。"

吃鱼，不要随便去翻边。尤其客人是司机，更忌把鱼身子翻转。“怕人家翻车呢。”我母亲说。

吃饭时不能唉声叹气。这在古语里也有，说“当食不叹”，又言“唯食忘忧”。有吃有喝的，叹哪门子气？让你吃好喝好，你还想咋的！不独吃喝时不要叹气，平常也不可动辄唉声叹气。

餐桌上不能用筷子敲桌子敲碗。母亲说：“讨饭讨米的人，才会拿着破碗到别人家敲，意思是提醒主人家，赶紧施舍点。”又说，用筷子敲打桌子碗沿，类似丧事时敲锣打鼓，不吉利。

我在深圳时，有段日子迷上神秘文化。接触符咒学时，得知吃饭敲击碗筷，与用蛊下毒也有关。相传蛊是一种人工培养的毒虫，人将百虫放进坛里，经过多年后打开看时，必定有一个虫子把其他的虫子都吃光，这个胜利者就叫“蛊”。将它杀死，碾成粉末，剧毒。用蛊的粉末放在食物里毒害他人时，就要在下毒时边念咒语边敲打碗盆，以便使蛊起作用（大约相当于搅拌毒剂加快渗入食物）。所以，用筷子敲打碗盆就犯忌讳。更忌讳拿着两根筷子互敲，敲筷子表示不尊重主人。

说到筷子，我母亲对筷子的使用同样有不少禁忌。

比如说，不能把筷子竖插在饭菜上。筷子竖插饭菜，形似香烛，而焚香点烛一般是祭奠逝去的先人，或者敬拜鬼神时才会有的行为。

不舔筷子不舔碗。

吃饭时不可举筷子指手画脚，一是担心筷子不小心戳到他人，二是担心筷子上的残羹掉落到菜碗或别人的饭碗里。若需与饭桌上人交谈，暂时放下筷子，嘴里不含食物。

就算满桌佳肴，也不能举着筷子在杯盘碗碟里举棋不定，更不能用筷子四处钻探翻拣，活像刨开坟墓盗窃殉葬品。古人称这些不雅动作为“执箸巡城”和“迷箸刨坟”或“犁庭扫穴”。

筷子不能剔牙，不能挠痒，不能拨动桌上的饭碗菜碟。不可用筷子顶个馒头或玉米当杂技耍。这与碗里插筷子差不多，“当众上香”，又称为“定海神针”，是宴饮大禁忌。

夹菜不稳，结果掉落，这是“泪箸遗珠”，忌。

筷子握倒了，筷尖把持手上，用筷头夹菜，这叫作“乾坤颠倒”，忌。

我母亲说，最忌讳的，莫过于给客人的一双筷子竟长短不齐！因为这有“三长两短”意味，有诅咒人家“死亡”的嫌疑。为什么筷子长短不一，是诅咒人家死亡呢？

这是因为打造棺材，用的木头是两旁侧板还有底部很长，等于“三长”，而头尾两端用的短木头，可谓“两短”。“三长两短”就拼合成装死人的棺材。

给碗里盛饭时，我母亲会说“茶七饭八酒十分”。

茶太烫，给客人斟茶太满，易烫伤他人的手，所以，倒茶七分满。

饭八，一个意思是，饭吃八分饱，吃太饱，撑肚皮了，有伤身体，所以盛饭也不可太满；另一个意思是，米饭盛太满，菜肴没法放饭碗里。等于不让人家配菜下饭。

给人斟酒就不同了。古代中国没啤酒，也不喝红酒，中国古代的酒水，都是用谷子、大米、高粱等酿造的粮食酒，也就是白酒。喝白酒，用的是小杯子，酒满杯才成敬意。

6

偶尔得知，《中国女排管理细则》居然对“食相”有明文规定。第23条这样写道：“文明进餐……吃有吃相。”中国女排曾获五连冠，常去国外参赛。对曾经不那么富裕的中国而言，当时的广大人民群众有可能“吃相”不是那么好看，所以才干脆明文规定“文明进餐，吃有吃相”。

至于那些“吃相”，想必领导反复在女排队员们的政治思想学习课上反复强调过，不要这样，严禁那样……《礼记》里的礼仪规矩，基本上脱离不了“毋、勿、不”等词语，而餐桌上的老规矩，“严禁”的警示层出不穷。说穿了，就是禁忌多。

食色，性也。填肚皮和满足性需要，是天性，这与动物世界没啥不同。但动物的吃喝大事，基于本能。美食面前，动物们基本上都采取类似的招牌动作：张开血盆大口，争先恐后、狼吞虎咽……

人总不能向动物看齐吧。所以，别跟动物一个德行。古人由此设了一堆“禁忌”，以此规划人们的吃喝，远离动物那种为填饱肚皮而不管不顾的凶猛动作。

我于2006年初到澳大利亚，第一次去西餐厅。邻座有个小女孩，五六岁吧。坐稳妥后，她把白色餐巾慢慢打开，小心翼翼铺设在自己的大腿上。相隔一个桌子，一个老人，男，应该有七十多岁了，桌上的食物不多，其中有个是三明治，两片面包夹火腿肉再添两片生菜，略带焦黄。看样子稍微烘烤而已，也许还抹了点牛油。老人左手捏叉，右手握刀，不急不慢将三明治切成小片，再用叉子一片片送到微微松动的唇边。

几乎同时，脑海里蜂拥而来的，是我在深圳13年几乎每天都能看到的觥筹交错热闹喧天，吃客们在酒楼欢饮的“盛大场面”。

那一刻，我怦然心动。所谓文明，有时，仅仅指一个孩子或一个老人优雅坐在饭桌边，用吃宫廷大餐的架势，安静地吃着一片土豆。

百善孝为先

1

曾参是个好学生，好思考，爱提问。

这天天气不错，看老师闲着，他走到孔子跟前，问：“老师，我很冒昧地请问您，圣人的德行，是不是没有比孝道更重要的了？”

曾子活到老，都没读过《三字经》。如果读了，他会明白，不该张嘴。

《三字经》曰：“首孝弟（通‘悌’），次见闻。”一个人首先要学的，是孝敬父母，友爱兄弟，接着才是去学习知识技能。

不怪曾子孤陋寡闻，因《三字经》是曾子死后一千多年，由宋代大儒王伯厚先生为家族子弟启蒙学习，而编写的简易教材。

弟子曾参前来请教，身为老师，孔子自然不会懒得搭理转身离去，更不会撇撇嘴巴，悄声埋怨人家小曾不懂事，没交补课费居然想开小灶。

孔子当时的做法是，立正，抬头挺胸，朗声回答："小曾啊，你这个问题问得好啊。天地万物，没有比人更为尊贵的了。而人的所作所为呢，没有比孝道更重要的了。"

以上师徒问答，出自《孝经》，原文如下。

曾子曰："敢问圣人之德，无以加于孝乎？"

子曰："天地之性，人为贵。人之行，莫大于孝。"

孔子是个优秀教师。一贯以来师德高尚，业务精湛。学生有疑惑，他绝不会三言两语，仅用几个字敷衍了之。何况引经据典滔滔不绝口若悬河历来是孔子的教学强项。我数了，他的回答，含标点在内，共计 326 个字。"莫大于孝"之后还有一长串呢。

《孝经》里，跟"人之行，莫大于孝"同等闪亮又厚重的话语，还是孔子说的。子曰："夫孝，德之本也，教之所由生也。"孝之重要性，可见一斑。不过，本书既然是《礼记》札记，我不能使劲照抄《孝经》来充字数。

2

《礼记》里也有关于孝道的师徒问答。老师依旧是孔子，弟子换了个人，仲由。

仲由是名，其字为“子路”。喊他子路，估计大家更熟悉。

孔子有弟子三千，贤人七十二。好事者搞了个排行榜，非官方，民间版本而已，名曰“孔门十哲”。前文提问的曾子在内，子路亦在内。又有人鼓捣出同样不权威的榜单，号称“孔门三大弟子”。子路仍在其中，另两个是颜回、子贡。

《礼记》里孔子和子路师徒问答那天，天气肯定不咋的。要么豪雨，要么细雨蒙蒙欲湿衣，要么太阳发了疯像要热死人。

我为何会这样瞎猜呢？

孔子师徒这次的问答，好似是徒弟“哭穷”。哭穷这样的倒霉事，不连续几天暴雨，或烈日炎炎个把星期，似乎不足以烘托压抑憋屈气氛。文学作品里，往往如此——天气不好，易生烦恼。

子路其实很不应该哭穷。不管他是替自己哭穷，还是替别人哭穷，都不应该。

虽然，子路的出身和颜回一样，都属于平民，家贫。可他在我们心目中，似乎应该属于毫不关心孔方兄，视钱财为粪土，一心一意追求政治进步，追求精神享受，百分百贵族气质的好儿郎。

子路同志生来豪爽、勇武，胆子也壮，当然长得也足够结实。史载他做孔子入室弟子前，曾经常欺负长得不够五大三粗的孔子。拜孔子为师后，子路欺负老师的事不做了，但胆敢不时批评老师，胆敢给老师摆臭脸。

《论语·雍也》有个很精彩的故事。故事这样开讲："子见南子，子路不说（通'悦'）。"

南子是当时卫国一把手卫灵公的夫人，相当于王后。大美人，妖而媚。不过名声有点臭，那就是好淫。据称她跟不少男人有一腿。孔老师去拜会这样的人，其他弟子就算心生愕然，心有愤愤，都不会流露。唯独子路不同。他不高兴了，还发了小脾气。结果，孔子不得不抗辩道："予所否者，天厌之！天厌之！"

孔子这番辩白，南怀瑾先生做以下解说："我所讨厌并且绝不往来的人，是违背天道的、连老天都厌恶的那种人。她南子小姐，名声固然不咋的，但并没做违背天道的大坏事啊。"

你瞧，子路是这样一个爱憎分明的人，身为最古老"孔子学院"的优秀学生，真的很不适合更不应该去哭穷。

但，事实摆在眼前，《礼记·檀弓》里，子路真哭穷了。

子路曰："伤哉贫也！生无以为养，死无以为礼也。"孔子曰："啜菽饮水，尽其欢，斯之谓孝。敛首足形，还葬而无椁，称其财，斯之谓礼。"

这就是说，那天，子路心生不爽。他对孔老师大发感慨："四壁徒然，一贫如洗，实在是令人伤悲的事啊。父母双亲在世时，穷得没钱去好生赡养他们。爹娘死了，连举办个像样丧礼的银子都拿不出。我一想到这个，就忍不住泪雨纷飞啊。"

孔子也不爽，心理活动或许十分丰富。有可能他会暗暗叹气，暗说你这小子，教这么久，咋还没开窍呢。叹气归叹气，孔子的脸上不动声色。修养好的人，总沉静如水，脸上轻易瞧不出喜怒哀乐。

孔子心平气和地开导子路："仲由同学啊，你听好。就算是煮几颗豆子充饥，就算是喝白开水填充肚子，只要能让父母笑逐颜开精神愉悦，这就是尽孝。父母过世后，装殓时，只要能让他们的头脸手足和躯体全被包裹完整，不露丝毫出来；哪怕没棺木，只要做好以上这些，然后尽快出殡入土掩埋。只要丧事能充分体现出足以和自家财力相称，那就是礼到礼足了。千万不要以为借钱大操大办丧事，打肿脸充胖子才算尽孝啊。"

如果有人出题：请归纳总结孔子这番关于孝道言论的

中心思想，以高考答题标准来作答。

我想，大致可如此作答吧：孝敬老人，物质享受固然重要，精神愉悦才是根本。

3

想起儿时翻过的一本小人书，《孔老二罪恶的一生》。前几年才知，该连环画居然是一位大名鼎鼎的作家奉上级指示牵头编写的。

文字不只是投枪匕首，有时是飞机大炮甚至是原子弹氢弹，火力惊人。“批林批孔”时期，所有国家声音，一致对准孔老二开炮，且是连珠炮，不厌其烦反复轰炸。结果导致当年的如我之流，也就是基本不用自己脑子而只使用耳朵和眼睛的人，深受其毒。白纸黑字加黑图，又佐以广播收音机轮番灌输下，我毫不犹豫坚信孔夫子实在是十恶不赦的大坏蛋。现在我明白，光凭孔子“啜菽饮水，尽其欢，斯之谓孝”，就足以证明孔子百分百是形象正大光明、内心灿烂的好同志，绝不“罪恶”。

话说回来，“啜菽饮水，尽其欢，斯之谓孝”是大道理吗？非也。古时，“菽水承欢”是幼儿都应该懂得的起码修养。

《幼学琼林》就这么说：“菽水承欢，贫士养亲之乐。”

《幼学琼林》不过是古时的幼儿启蒙教材而已。

菽，本指一种豆子，这里用来指代所有豆类。菽水，豆子煮水，类似于豆子煲粥。比如绿豆稀饭、绿豆粥之类。这是再平常不过的食品。

承欢，博取欢心，也就是侍奉父母让他们心花怒放喜笑颜开。

“菽水承欢”，意即哪怕家境贫寒，也要尽心孝养父母，让他们感受到无尽的幸福快乐。

勿拿丧具多寡轻重来权衡孝心的道理，孔子对另一个弟子——子游同学，也面授过。

故事见于《礼记·檀弓》。

子游问丧具。夫子曰：“称家之有亡。”子游曰：“有亡恶乎齐?”夫子曰：“有，毋过礼。苟亡矣，敛首足形，还葬，县棺而封，人岂有非之者哉!”

等于说，你家有什么，就拿什么，只有五钱银子的家底，却要操办出五两黄金的排场，那不叫尽孝。那不过是死要面子，虚荣心作怪。把尸首严严实实裹住，尽快下葬，入土为安，就是尽了孝。有家产的，比如土豪，孔子的建议是，不可越礼厚葬，浪费钱财。归根到底，尽力，尽心，即孝。

这个子游，即言偃，也是孔门十哲之一。在《论语》

里，有个“子游问孝”的著名典故。

子游问孝。子曰：“今之孝者，是谓能养。至于犬马，皆能有养。不敬，何以别乎？”

子游请教什么是孝。孔子说：“现在所谓的孝，是指能够服侍父母。可是就连狗与马，也都能服侍人。如果没有对父母的尊敬爱戴，儿女侍奉父母，跟犬马为父母效劳又有什么区别呢？”

“愿效犬马之劳”即由此来。侍奉赡养父母，理所当然，但唯有心存敬意和深爱基础上的侍奉赡养，才算得上真正的孝。

对于孝道，孔子的主张，曾子在《礼记·内则》里说得更全面，更通俗易懂。

曾子曰：“孝子之养老也，乐其心，不违其志，乐其耳目，安其寝处，以其饮食忠养之。孝子之身终，终身也者，非终父母之身，终其身也。是故父母之所爱亦爱之，父母之所敬亦敬之。”

也就是说，儿女孝顺赡养父母的时候，关键是要让他们从心底里感受到欢喜，不违背父母的心愿；凡是他们能听到的看到的，都能给他们带来无尽的快乐；休息起居的场所足以让他们安逸舒适；要拿他们最爱吃的东西尽心奉养。所有这些孝行，要一直坚持到孝子生命结束的这天。

总而言之，凡是父母喜欢的，做儿女的也务必喜欢。父母敬重的，做儿女也一样敬重。

以上高论，在我看来，完全可以视为孝道的宗旨。而其核心思想，就是“乐其心，不违其志，乐其耳目”，意即让父母身心愉悦健康。关于孝的要旨，全世界都一个标准。意大利作家亚米契斯说：“一个人如果使自己的母亲伤心，无论他的地位多么显赫，无论他多么有名，他都是一个卑劣的人。”我在澳大利亚，每逢母亲节，常看到同事下班后会买上一束鲜花。花是献给母亲的。此花与浪漫无关，每一片花瓣都写满敬重和感恩。

4

让父母身心愉悦健康，也可将之理解为孝道的终极目标。在言语和行为上，无微不至的关怀，等于必需的“路径”。借由此径，直抵孝义的高度。

《礼记·曲礼》曰：“凡为人子之礼，冬温而夏凊，昏定而晨省，在丑、夷不争。”

这属于孝的言行。儿女所做的一切，要让父母冬天感到春天般的温暖，而夏天感受到初秋的清凉。傍晚，斜阳映窗台，小心翼翼去给爹娘铺好枕席；清晨旭日升起，进居室给父母请安，叩问昨夜可否安睡；与同辈相处，不争不吵，和睦友好。

《礼记·曲礼》又曰：“夫为人子者，出必告，反必面；所游必有常，所习必有业。恒言不称老。”

这也属于孝的言行。出门必先禀告父母要何去何为，回家来必先面见父母报平安。外出游历一定要有确切去处，学习一定要有固定专业从而学有所成，平时在父母跟前说话时不要说“老”字，以免让老人心生忌讳。我记得小时，母亲常念叨：“行必告，归必面。”源头就在此吧。

由此可知，日常生活中，外出对父母道别、回家告知等细节时时顾及，能使父母宽怀、愉悦，细小举动看似不费吹灰之力，可这已是尽孝。

依旧在《礼记·曲礼》里：“父召无诺，先生召无诺，唯而起。”

这还是属于孝的言行。你爸喊你，你不可嘴巴答应而不行动；同样，老师喊你，你不可嘴巴答应而不行动。正确做法是，口里应答着，随即手脚麻利去完成。

“孝”，会意字。许慎的《说文解字》做如下解释：“善事父母者。从老省，从子。子承老也。”

意思是，“孝”字由“老”字省去右下角“匕”形体，再把“子”安排到右下角。瞧这个“孝”字，分明是父母在儿女头顶上，由儿女扛着呢。显而易见，所谓孝，虽然最初是恭顺赡养父母，后来却演变为对所有老人、所有尊长恭敬孝顺。古人言，“一日为师，终身为父。”对父母孝，对师长也要孝。因此，老师喊你，如同父母喊你，你同样要嘴里应着，手脚立马行动。

父母年老，难免糊涂。爹娘做错了事，说错了话，如何办?《礼记》这样给我们支着儿。

首先，《礼记·内则》说：“父母有过，下气怡色，柔声以谏。谏若不入，起敬起孝，说则复谏。”父母有了过失，做儿女的应该说话温软，和颜悦色地进行劝谏。劝谏如果没起作用，做儿女的就应更加恭敬更加孝顺，等父母高兴的时候，再一次劝谏。

继而《礼记·曲礼》补充：“子之事亲也，三谏而不听，则号泣而随之。”儿女再三劝谏仍旧不听，也不可一怒之下一走了之，即算伤心痛哭，也依旧得追随父亲。

那个特殊历史时期，因“阶级仇”，为人子女竟公然跟本无过错的父母划清界限，一副井水不犯河水的凛然正气样。这些荒唐旧史，若拿《礼记》所教诲的道理来相比，人竟不如黑乌鸦——许慎在《说文解字》里说：“乌，孝鸟也。”

乌，畜生也。为何说乌鸦是孝鸟？因为别看天下乌鸦一般黑，但乌鸦有“反哺美德”。

幸亏时代进步，与父母划清界限不再作为革命光荣而大肆宣扬。若再有人如此违背人伦，弃养育之恩于不顾，公然与父母一刀两断，我敢说，无人睬你。

5

只对父母孝，不足以称孝子。老话说“老吾老以及人之老”，孝顺尊敬自家的父母，也同样孝顺尊敬别人的父母，才是真的孝子。

《礼记·王制》有此呼吁：“君子耆老不徒行，庶人耆老不徒食。”

士大夫阶层中，不能让老年人走路。不走路，那么应该是坐车了。平民中的老年人吃饭也不能光吃饭。不光吃饭，还得吃什么呢？

就算吃喝，为示孝义，《礼记》也有规定。

《礼记·王制》曰：“五十异粻，六十宿肉，七十贰膳，八十常珍，九十饮食不离寝，膳饮从于游可也。”

50岁，就可以吃比年轻人精细些的粮食；60岁的老人，隔一天吃顿肉；人到70岁，除了吃肉还要加一样美食；80岁的老人应该吃珍贵的食物；90岁的老人，吃喝可以在自己的卧室里，而且吃的喝的美食呀饮料呀，都可以派专人伴随着他，送到他游历的地方。

现在物质很丰富，餐餐吃肉，也不为奇。想想那时，让60岁的老人隔天吃次肉，竟是孝顺之举。没办法，古时，肉是奢侈品。《礼记·王制》陈述理由："六十非肉不饱。"此处的"饱"，实指满足身体的需要。可见，让老人吃得饱，不饿，不算孝。让老人吃得好，吃得健康，吃得开心，才算达标。

这让我想起亲身经历的事。

2016年，我回国，在深圳与朋友聚。席间，曾在《深圳法制报》当编辑多年，编发我许多稿件的散文作家蔡秀文老师对我说："某，移民新西兰，最后一次回深圳，她邀我陪她一起去养老院，说是想进养老院。当时我大吃一惊，都移民新西兰了，儿女都在异国他乡，居然想回深圳进养老院，宁可孤苦伶仃住养老院……"

按说，新西兰和我所在的澳大利亚，都属大洋洲的高福利国家，移民生活应该很舒坦啊。医疗、求学费用全免或大部分减免，失业了，政府会发救助金和失业补贴，租房有补助，购房时，政府也提供资助……没"求学、住房、生病"的压力。另，社会稳定治安好，空气清新水洁净，好多国人挖空心思意欲奔向新西兰，已移民了居然想回深圳，宁愿进养老院过孤单生活。当真不可思议。

蔡秀文问缘由，老人如实奉告："在新西兰，不开心。"

不说别的，就说简单的吃喝问题。“住儿子家，我想吃啥，偏就不让吃啥。”

原来，老人喜欢看老年人保健书刊，听说多吃坚果豆类有益身心健康，于是买了各式各样的坚果豆类准备享用。没想到被儿子一口否决，还被斥责说那些属于没营养食品，吃了上火，不准吃。儿子一家喜欢吃油炸食品，要老人也一起吃油炸鸡鸭鱼肉。

“油炸食品能每天吃吗，那是垃圾食品啊。而且，我牙齿不好……”老人诉苦。

老人年过 70 岁了。按《礼记》说法，60 岁隔天吃次肉，70 岁更要多吃肉外加另一样美食了，这才算孝。但时代不同了，科学证明，多吃坚果豆类确实更有益于健康。在确认并非无知的前提下，让老人吃得好，吃得健康，吃得开心，“以其饮食忠养之”，在衣食住行上“不违其志”，才符合孝。

事实上，老人的儿女不可谓不孝。老人也承认，“爱疯”流行时，儿子就给她买了一个。为让她学英语，给她买 iPad。

可是，再多的孝顺言行，一旦有不孝行径，就会让先前的孝行黯然失色。老人擦着眼泪诉苦：凡事都得随儿子心情。儿子心情好，啥都好。儿子心情不好，就难了。他做生意失败，夜里，骂骂咧咧开车把她载女儿家去，扔小区门口，自己开车兀自走了。过几天，孙子没人照看，又一个电话过来非要她立即回去照看孙子。儿子没稳定工作时，找碴儿吵架，追问她国内的退休金去向。儿子借她退休金，从没还过，而他欠别人的钱不还，老人不得不拿退休金偷偷替他还……

难怪老人失落痛苦，有无数中国人羡慕不已的移民身份，却很想回国进养老院。无处诉说的苦楚郁结于心，老人后来得癌症，魂断异乡。

6

《礼记·祭义》曰："君子生则敬养，死则敬享，思终身弗辱也。君子有终身之丧，忌日之谓也。忌日不用，非不祥也，言夫日，志有所至，而不敢尽其私也。"

父母在世，就尽心赡养。父母去世，就诚心祭祀，终生都不可让父母的名声受辱没。说君子有终生的丧事，是要指做儿女的，终生都不可忘记父母的死日。父母的忌日，任何事都不可做，并非因这一天不吉祥而不能有所为，而是说这天儿女所有的心思，都应该放在对父母的悼念和思念上，切不可由着私心去做自己的事而把父母忘之脑后。

这给啃老族抽了狠狠的几记响亮耳光。

在澳大利亚生活十年矣，接触来自众多亚、非、欧、美不同国家的移民后，我发现，世界上不顾一切给儿女当牛做马的，唯有中国的“优秀父母”表现最突出。

儿女求学，父母供养；儿女成家立业，父母支持；儿女买房、买车、创业……父母依旧会掏血本资助。等到儿女自己也为人父母了，还不断向父母伸手，且总能“阴谋得逞”，如愿以偿。痛心的是——《诗经》有云：“明发不寐，有怀二人。”通宵睡不着，只因思念父母亲。这样的场景，今世怕是难得一见。

《礼记》里所说的祭祀父母时“齐齐乎其敬也！愉愉乎其忠也！勿勿诸其欲其飨之也”，今时闻所未闻也。

常见的却是，父母去世后，不管忌日或清明，忙于自己求财求官求名，竟几乎不去父母埋葬地祭奠！我便认识一人，是近邻，华人。从其母去世后那天起，竟没一次去母亲葬地祭拜过。难道是距离太远？他家和母亲的安息之地，仅半小时车程！

忆起我母亲的两句口头禅，“种田不熟不如荒，养儿不孝不如无。”

俗语曰：“生儿不孝，不如不要。”此语闻之，十足哀伤。

“生则敬养，死则敬享。”可谓孝的最起码要求了。难怪子路哭穷时称“生无以为养，死无以为礼”，就是说起码的要求都做不到，所以才痛哭流涕啊。

《礼记·祭统》提更高要求：“是故孝子之事亲也，有三道焉：生则养，没则丧，丧毕则祭。养则观其顺也，丧则观其哀也，祭则观其敬而时也。尽此三道者，孝子之行也。”

孝子侍奉父母，有三条原则。父母在世就尽心赡养，去世就服丧，服丧完毕就坚持祭祀。赡养父母时，要看儿女有没有恭敬顺从父母之心；举办丧事时，要看儿女有没有悲哀之心；祭祀父母时，要看儿女是否足够虔诚而遵从理应的时间。尽心尽力遵循了这三个原则，达到了以上三条要求，才称得上尽到了孝子的行为。

有一首歌，很特别，名曰《孝歌》。在我故乡，丧事上，做道场的道士一定会唱《孝歌》。每听一次，我都泪水涔涔。

“唐朝有个目连僧，一头担母一头经。担经在前背了母，担母在前背了经。连经连母并担起，山林树木两边分。我娘怀我十个月，我担老母十八春。左肩担得肉皮烂，右肩担得血淋淋。担破肉皮看见骨，要到灵山见世尊。亲见灵山多少路，十万八千还有零。漫说十万八千里，再有多少也要行。一到灵山见佛祖，二到灵山请上经。大小经书齐请上，又请一卷怀胎经。怀胎经上说得好，字字行行报母恩。一月怀胎在娘身，无影无形影无踪，犹如水面浮萍草，未知生根不生根。二月怀胎在娘身，头晕眼花路难行，口中无言心内想，孩儿在身谁知情。三月怀胎在娘身，两脚无力懒出门，茶不思来饭不想，愿吃桃李过时辰。四月怀胎在娘身，面黄肌瘦不像人，想做针线懒得做，孩儿何时离娘身。五月怀胎在娘身，儿在肚内长成形，一阴一阳分男女，吃娘血水痛娘心。六月怀胎在娘身，脚软手麻懒动身，孩儿不知娘辛苦，一个身子两个人。七月怀胎在娘身，老母怀儿受苦心，阳间洗了一盆水，阴司遭下血河津。八月怀胎在娘身，耳聋眼花难挣扎，东家请娘娘不去，西家请娘娘不行。九月怀胎在娘身，时时坐卧不安宁，心想要回娘家去，恐怕孩儿路上生。十月怀胎在娘身，娘在房中肚叫痛，一阵痛来犹可忍，二阵痛来失魂魄。银牙便把青丝咬，绣鞋蹬在地挨尘，上要奔天天又远，下要入地地无门。结发丈夫心不忍，香火堂前许愿心，今把愿心来许下，孩儿降生地挨尘。儿奔生来娘奔死，阴阳隔着纸一张，忙把孩儿来接起，一盆温水洗儿身。孩儿洗得干干净，罗裙包起占娘身，十月怀胎辛苦极，又费三年乳哺心。干处半边孩儿睡，湿处半边娘容身，若是两边都湿了，孩儿抱在娘当胸。父母恩情深似海，杀身惟报父母恩，长大成人把母敬，吃斋念佛报双亲。上等之人报父母，成道父母离血盆。中等之人报父母，时刻孝敬老年人。下等之人不孝顺，枉费父母一片心。养女要学黄氏女，养儿要学目连僧，说起目连行孝道，十八地狱救母亲。这是怀胎经上话，说与男女细留心，后世人等把孝敬，消灾免罪福寿增。"

目连，在很多年轻人的耳朵里，怕只是个陌生的名字吧。

《礼记·学记》云："建国君民，教学为先。"意即治国安民，第一要务就是推行道德教化。拜托，看清楚，"教"左边是个"孝"字。含义不言而喻，学会孝道，懂得孝敬，是教书育人的根本。

中国古有"二十四孝"：孝感动天、戏彩娱亲、鹿乳奉亲、百里负米、啮指痛心、芦衣顺母、亲尝汤药、拾葚异器、埋儿奉母、卖身葬父、刻木事亲、涌泉跃鲤、怀橘遗亲、扇枕温衾、行佣供母、闻雷泣墓、哭竹生笋、卧冰求鲤、扼虎救父、恣蚊饱血、尝粪忧心、乳姑不怠、弃官寻母、涤亲溺器。

这二十四个"孝"，每一个，都是惊天地、泣鬼神的凄美故事。

人靠衣装

1

对于穿着，《礼记》当然也有讲究。《礼记·玉藻》和《礼记·深衣》专门谈穿。我睁大“火眼金睛”，使劲在字里行间搜索，这回，倒没看到任何字眼儿和我母亲的口头禅形似近亲。

母亲的常见口头禅之一：“佛要金装，人要衣装。”《礼记》里没这话。

佛为什么要金装？母亲不解释。好在，这话不难琢磨。

大庙里有金菩萨。见过好多，泥塑也好，木雕也好，都金灿灿。再穷不能穷菩萨，多少总得刷一层金水，哪怕薄薄的也行。没金菩萨的庙宇香火难得旺起来。泥菩萨也见过，路边的土地庙，有泥捏的土地公公。土地公公跟庙里的菩萨其实不属同一个“部门”主管。一个是道家的仙，一个是佛门的神。在我故乡，不分青红皂白，把土地爷也请进佛门。“泥菩萨过河——自身难保”这句老话倒是早就听说过，都背熟了，但泥菩萨过河的事没撞见过。在我家乡，河多，菩萨也多，但菩萨端坐或站着，总有人来敬拜送吃喝，没什么事需要过河。

金菩萨肯定比木菩萨和泥菩萨好看。内行人不会说“好看”二字，他们会说金装的佛像庄严尊贵。庄严，易让人生敬畏之心；尊贵，易让人行跪拜之礼。

佛为什么要金装？人说金子珍贵，给佛像涂金，佛像由此高贵。又说黄金最具金属稳定性，不像破铜烂铁容易生锈，不像白银灰铝容易变形，黄金一旦包裹木雕或泥塑的佛像，也就能起到长久的保护作用。说得头头是道，也确实有道理，但更合乎事实真相的偏偏不是这么回事。

佛在中国属于“外来和尚”，是西土印度传到东土大唐的。“佛要金装”，其实首要原因不过是印度人喜欢金子而已。印度人热衷于用黄金来武装自己，就算今天的印度信仰佛教的人少了些，但爱金戴金的传统依旧。我在澳洲认识的印度女子，不分老幼，逢印度传统节日，莫不以有一堆金饰披挂在身为荣。

关于佛像，还有个人云亦云的论调。又是一些“砖家”造的孽，更应该说是造的谣，弄得全民跟着口头抄袭。

都说唐朝的佛像，清一色脸蛋饱满，身段圆润。用贴地气的说法，这就是当年的佛像胖子多，得道神仙般清瘦的佛像基本没有。“砖家”们给出的堂皇理由，称唐朝是个大气的时代，即“大唐盛世”，给菩萨塑像，自然走“大气”路子。如果谁敢雕塑菩萨时以赵飞燕为模特，那简直是丢大唐政府的丑，故意给大唐领导脸上抹黑，砍头一百次都不嫌多。

“砖家”的论调实乃牵强附会。说胖菩萨显得大气，反之，难道说干瘦塑像就“小气”？瘦菩萨不足以表现出，更不足以承担大唐盛世的气概？

我曾在《一个人的澳洲》那本书里，用不少文字，就佛像的造型，公然与“砖家”们唱对台戏。

别想当然以为减肥才是全世界所有国家的主流，印度人民就和我们的追求大不一样。男爱壮实，女爱圆润。今天的印度女子，尤其是南印度，女性皆好丰满圆润，说得直白一些，就是大多数印度女孩子热烈拥抱丰满。如果印度女子丰满性感，身上的肥肉此起彼伏，她们不会哭着喊着要把减肥进行到底，不会以此为耻，反倒会以此为荣。

说实话吧，像我这种脱离了高级趣味的俗人，长得跟难民一样清瘦，却同样是更信任更亲近脸如满月、胳膊粗大腿壮的男女。

实践是检验真理的唯一标准，真相是推翻闭门造车瞎想乱琢磨的不二法门。我到澳洲接触而后结交太多印度男女后，才明白我们被想当然的一口咬定盛唐大气所以佛像必须肥头大耳的“砖家”给忽悠了。既然印度人民以胖为美，印度土地上孕育出来的佛教塑像自然不会是瘦骨嶙峋。而印度佛教经典最初被唐僧玄奘等所取再翻译到中国，不只是经文照搬，连造像也模仿了印度佛像：脸圆润，眼睛大，眉目里祥和安逸雍容。不谈佛教的佛像，就是印度教的许多神像，也尽是“胖子”尊容，饱满的脸，肥胖的胳膊腰身和大腿。坦白说，今天的印度平民女子，多数正是这副模样，尤其是南印度。当然，印度人脸圆润，肥胖胳膊粗大腿，与他们的吃喝也有莫大关系。也就是说，印度人的饮食习惯塑造了他们的粗壮身材。

唐朝时，佛教传入中国，经文来自印度，造像理所当然也同样模仿印度。因此，并非为了向大唐王朝的“富贵气”看齐，而塑造了“肥胖”的佛像。从艺术角度看，不可说塑像“肥胖”，那是饱满。米开朗琪罗的大卫雕像，还有著名的断臂维纳斯，那也是饱满。

我母亲口头禅之一，“外行看热闹，内行看门道”。对唐朝佛像的分析，无数人都在“看热闹”。

2

我母亲从不解释“人要衣装”。实际也用不着解释，人要衣装，瞧字面意思就够。

鸟美在羽毛，人美在心灵，听起来像真理，似乎不容置疑。可是，反过来，话又可以这么讲，“三分人才，七分打扮”，听起来更像是真理，而且是赤裸裸的真理。

长相再娇俏的女神，脸蛋再帅气的男神，也热衷于花大价钱购买名牌服饰来武装自己。女神们会异口同声宣布，此乃锦上添花。而相貌稍微吃亏，或者长相干脆属于严重拖全国人民平均颜值后腿的男女，一定更会下狠心花大价钱在穿着上下功夫。

相对于人家掏血本在穿着上尽可能追求最高回头率，我母亲嘴里的“人要衣装”，与衣的牌子无关，与布料款式无关，她说的是整洁、干净。

儿女6个，哪怕是年长的兄姊穿完再传给年幼的弟妹，以至于特殊年代不得不穿带补丁的衣服，我母亲也会洗得干干净净，折叠得平平整整，才会让孩子们穿出门去。扣子是绝对一个也不能少，衣服关键部位，容易磨损位置，比如袖口裤腿等，决不会破损露肉还被儿女们穿出门去。

“出门穿得脏乱破，不是乞丐，也是快要讨米的货。”我母亲说，“旧衣服洗得发白，只要干干净净，自己穿得舒服，别人也看得舒服。”

我记忆深处的上世纪 70 年代湘中农村，农业集体化时期，凭布票买布料。请缝纫师傅进门来量体缝衣，款式不多，上衣基本都是仿制部队的军装款式，或是衣领不挺立趴下来，在脖子底下开大领那种。就连村姑们也属于“不爱红装爱武装”，和男人所穿的仿军装类似。至于裤子，花样记不得了。布料颜色也比较单一，黑、蓝、灰色较多，浅色就基本上只有白色，绝没如今这般五颜六色、丰富多彩。劳动布最普遍，而的确良布料的衣服不是一般人家所买得起的。所谓劳动布，似乎和牛仔布差不多。总之，耐磨耐脏，穿和脱都容易，最紧要的，穿在身上干农活或家务活都务求简单方便。

一句话，正如我在《地工开物》一书里所下的结论：民间手工艺，实用性是王道。缝制衣服自然也算手工艺，追求实用性当然也是王道。

勤俭节约是立家之本。生在新中国长在红旗下的我，清楚记得我们家缝制一件衣服，肯定是要兄弟姊妹几个一个接一个接替着穿的。哥哥姐姐长大了，身上的衣裳尺码小了，绝不能扔，得留给弟妹。新三年，旧三年，缝缝补补又三年。那年月，哪家哪户不是这样子？

何止是衣服，在农村，温饱为至高追求的时代，所有物资，简单实用，是万物追求的重中之重。其余的所谓美学价值之类，统统靠边站。

衣服换几茬主人后自然陈旧，布料难免软趴趴，皱巴巴，和酸菜叶子疑似近亲，眼看要四分五裂。别慌，我母亲有窍门。

淘米煮饭时，多放点水。水沸腾后，倒出多余米汤水，用以浸泡旧衣服。半根烟工夫过罢，从米汤水里取出衣服，用清水漂洗，晒干。我母亲说，这叫“浆洗”。

除浆洗衣服，被罩床单更是经常被我母亲用米汤水浆洗。快入冬了，浆洗过的被单高高晾晒在家门口，这是我儿时常见的一幕。入冬前一定要浆洗被单，俨然成了我家的老规矩。

这老规矩并非我母亲的原创。读《西游记》第二十六回，撞见这一句，“你却要好生服侍我师傅……衣裳禯了，与他浆洗浆洗。”

可见浆洗是古已有之的洗衣法子。

浆洗过的衣服，穿在身上笔挺笔挺的，自然显得精神抖擞。

3

我的堂姐是缝纫师傅，技术是从她父亲，也就是我伯父手上传承下来的。小时给我们缝制衣服的，最初便是堂姐。后来我大姐学缝纫，跟她最要好高中同学的母亲学。大姐学成出师后，就成了我们家乃至附近四乡八里请来请去的缝纫师傅。别的不说，有回，大姐给我做了裤子，黄色，肯定不是棉布的，有个新名词，叫“涤纶”。裤腿敞开大口，而且裤脚边在地上横扫的新款式。那叫“喇叭裤”。据称早在城里流行好一阵，出足风头，终究还是一阵风吹到农村。我占了我姐是缝纫师傅的便宜，小小年纪就“追”城里新风尚。

对于喇叭裤，我母亲看不惯，呵斥：“搞什么名堂，裤子不像裤子，像扫把。”那时候农村的房间地面是泥土地面，没见过拖把，但扫把家家有。

在我母亲眼里，衣服自有衣服约定俗成的老模样，出风头博眼球的奇装异服，是歪门邪道。

并非说我母亲是老古董，她只是更热衷于传统。如果某新花样，别人同样穿戴，我母亲就能接受。左邻右舍还没蔚然成风，我们家某个家伙当急先锋当出头鸟，她就不安，会劝阻。

我母亲满意的服装款式是山寨版的军装，偶尔，她会感慨：“要是过去啊，做衣服要12幅布拼起来，全身上下包裹得严严实实……”她举例，“就像戏台上穿的长袍。”

穿长袍干农活，会是什么景象？又想，12幅布，就是12块布吗？12块布缝合到一起，岂不就是碎布片组合的衣服？

等到读《礼记·深衣》，才大悟，12幅布而成衣，古时的裁缝就这么干的。

对于穿衣，我母亲还有要求。幼时无聊，有一回穿衣时把衣领拎高，半个上衣罩住脑袋走路。我母亲撞见，严厉批评：“脑袋伸出来！”

原以为这是因为像缩头乌龟所以挨骂，后来得知因逝者入殓时要蒙住脸，罩着脑袋，忌讳原来在此。

开领太低的女式衣服若出现在我家，我母亲铁定也会勃然大怒，会断定这是败坏家风，绝对属于忍无可忍。我爸一个朋友，长沙的猪贩子，有回带女朋友住我家。女子的外套还算中规中矩，据说晚上睡觉时穿在里面的低胸V领内衣让我母亲吃了一惊。人家走后，我母亲叹气，为人家可惜，“穿得不规矩。”我姐帮腔，“像个女特务，还像个女流氓。”

电影里的女特务个个漂亮，穿着的共有特征是，务必显示出胸前的“汹涌波涛”，不汹涌也行，至少“水落石出”。当年没在电影里见过女流氓，我想在穿着上肯定不是山清水秀而是“山高水长”。

哪个能预测到呢，今天的银幕和荧屏，满目“女特务”，遍地“女流氓”。不过，我们持赞美态度，美其名曰：秀色可餐。又有专门针对男性眼珠子的说法，此乃“送福利”——按此说法，现在真好，全中国，满大街随时可见“福利”。

古人绝对不会允许“秀色”随便让他人“饱餐”，尤其是女子的秀色。古人一口咬定身体发肤受之于父母，不可随意伤害，也不可随意拿出来让他人观摩品鉴。

古时大户人家的小姐住西厢，哪怕某年某月媒婆领了某少爷来相亲，小姐也是从阁楼一个狭窄的小窗往客堂偷窥。小姐暗地里窥视男子的尊容，而一定不会让对方见自己芳容。大家闺秀连自己面目都轻易不可示于陌生人，何况身上的阳春白雪？

像电影《满城尽带黄金甲》那样，张导的满幅银幕尽是亮晃晃拼着老命挤出两坨惨白，古时十之八九是想都不敢想的恐怖镜头。至于一到天气开始暖洋洋就满大街迫不及待展示春光的露脐装——我的天，上世纪六七十年代的中国，哪个女郎要是敢把肚脐眼儿拿出来招摇惑众，不被老太太们用唾沫星子淹死才怪。但始于上世纪 90 年代中后期的露脐装，宛如一阵春风来，千树万树梨花开，瞬间就席卷全世界，成为至今仍风靡的一种女装流行时尚。

搁古代，别说肚脐眼儿，5 毫米的白肚皮你都不能暴露在光天化日之下。

你听《礼记·深衣》里对穿着的明文规定："短毋见肤"。就是说，不管你怎么个短法，反正是绝对不能露出皮肉来，更别提露肚脐眼了。

4

对于穿着，《礼记·深衣》开门见山如此强调，"古者深衣盖有制度，以应规、矩、绳、权、衡。短毋见肤，长毋被土。"

今人穿衣服，衣是衣，裤子是裤子，二者穿着时会讲究颜色款式的搭配，但衣和裤子是夫妻是一家子，但彼此还是一分为二的。当然，裙子和连体服例外。

古人穿的深衣，有一定尺寸也有一定的样式，具体规定必须与圆规、曲尺、墨绳、秤锤、衡杆相应。深衣不能太短，短得露出皮肉来就是错——此处的皮肉不是指脖子以上包括脑袋脸蛋在内的皮肉，"短毋见肤"里的"肤"是指脚，比如脚背。也就是说，衣服必须把脚盖住。而深衣也不能过长，边缘不可在泥地上拖拉。也就是拖泥带水的设计，也是不合规矩的。故而说“短毋见肤，长毋被土”。

由此可知，而今时装设计，相当部分是以打破常规标新立异，才算走到时代潮流前头，古时则万万不可破了规矩。

孔颖达注解《礼记》道：“所以称深衣者，以余服则上衣下裳不相连，此深衣衣裳相连，被体深邃，故谓之深衣。”简单说，深衣虽不是一块整布缝合而成像个套子，但看似依旧宛如一个整体，能将整个身体缠裹起来。这样一来，身体就深藏不露了，所以就称为“深衣”。此处的“深藏不露”会不会让人想起木乃伊，木乃伊不是被裹得严严实实吗？深衣与裹尸布截然不同，深衣能让人举手投足尽显雍容典雅端庄谦恭。

深衣是汉服的主要代表。我最初以为深衣等同于汉服，查阅资料才知，深衣仅仅相当于古时礼服。最初，深衣并非所有官民平等的日常服饰，原本只是古代诸侯、大夫等上层阶级的家居便服，如果平民要穿，则是作为礼服之用。

除深衣外，汉服还包括“衣裳”，也就是“上衣”加“下裳”（指下裙）；还有“襦裙”（襦即上身穿的“短衣”，下身穿长裙）等。“衣裳”和“襦裙”，在古装影视剧里时有出现。不过，因为许多为影视剧服务的服装设计师对古代中国服装演变史的了解大多是半瓶醋而已，所以难免让屏幕上的男女们不分朝代穿越时空地乱穿。反正大部分观众只看演员的脸蛋，或者只关注故事情节，凡是涉及文化的细节不予追究，也应该说是比导演更不懂，也就无从追究，更无法嘲弄。反正，屏幕上的古装符合汉服的主要特点就可蒙混过关了。汉服的主要特点是：交领、右衽，用绳带代纽扣在腰间系结，由此显得既端庄又洒脱有余，既雍容又不失飘逸。

《礼记》没注明深衣起源于何时，有说是夏朝前的虞朝。可这个虞朝，史学本来就属于模糊不清的朝代。我更倾向于另一说法，周朝始有深衣出现。

深衣的具体制作是把上衣、下裙（也就是“裳”）连一起包住身子，布料分开裁但是上下缝合起来。除了上下缝合外，还得用不同色彩的布料做边缘，称“衣缘”或者“纯”。

《礼记》将深衣大大夸赞了一番，说其“可以为文，可以为武，可以摈相，可以治军旅，完且弗费，善衣之次也”。

习文弄武时可以穿它，不分男女做伴郎伴娘时可以穿它，当部队统帅也可以穿它……简直就是全能冠军。这还没完，制式法度齐备，做起来省力，穿起来省心，除了高官达人朝堂上穿给皇帝看的朝服，除了丧事祭礼上唱主角的祭服和丧服，深衣是绝对的排第二位的最好衣服——补充一句，到汉代，深衣直接上升到朝服地位。当时的朝服绛纱袍采用的制式正是深衣制。而到唐代，不仅是朝服，连祭服也被深衣取代。等于说，唐代的高端服装市场上，深衣势力大增，已有一统江湖的趋势。

实际上，《礼记》虽说穿上深衣“可以为武”，但并非最好的马上作战军服。赵武灵王搞“胡服骑射”运动，废除小裳（裙），改穿带裆的裤子，原宽大的袖口改短袖窄袖，原过于宽松的腰身改为紧身。这样一来，自然是更适合上马骑射，赵国也由此出征多国屡屡获胜。

在战场上，“胡服”显而易见更优于深衣，也就很快被楚国、齐国借用，制成各国战场专用服装，到秦汉，终于成为“军服”。因其更具实用性，继而逐渐为民间所接纳，成为华夏大地上的主流服装。

人说即使元朝和清朝统治者曾入主中原，灭宋、明王朝，最终却被汉化。实际也不完全如此，汉人也同样享受着“胡化”的待遇。就说汉族的服装，由举国上下唯我独尊的深衣，到最后“胡服”的普及，等于说汉人也被“胡化”。本书“坐有坐相”一章内容，汉人的坐卧也受了胡人影响，同样有“胡化”的元素在内。

5

《礼记》辟出专门的章节来谈《深衣》，当然不是记载旧时的时尚，而是宣扬严格的礼法。《礼记·儒行》云：“儒有衣冠中，动作慎。”即说有修为的人穿衣戴帽都要合乎礼，动作端庄谨慎。既然穿衣戴帽都要合乎礼，那么深衣有严格的制作方法，更有严格的制作忌讳，就很容易理解了。

原始社会时期，衣服的主要功能不过是护身、御寒。审美意义上的服装，有人说是黄帝发明的。周文王还只是西伯侯时，被残暴的商纣王抓住关牢里，写了部《周易》，在《系辞》里说:“黄帝、尧、舜垂衣裳而天下治，盖取诸乾、坤。”本意是说无为而治，却间接表明黄帝时期，人民群众可不是光屁股的，而是有衣服穿在身上。不过尊称黄帝是服装业的祖师爷，有点牵强附会。要知道在周口店的山洞里，已发现有骨针。可见得，服装的最初发明人肯定不是黄帝了。

美观大方的服装出现后，不再只是保暖御寒而已。《礼记·少仪》称“衣服在躬，而不知其名为罔”，等于是直截了当告诉我们，衣服穿在身上，如果你却不知道其内在意义，只能说你无知。也就是说，服装已脱离保暖御寒的原始功用，具备其他社会价值。

比如深衣制作，就有多方面深远意义。《礼记·深衣》就一一谈及。

在中国传统文化里，就算我们的日常用品，往往也具备深厚的历史意义或精神营养。再以深衣为例，深衣上下缝合，象征天人合一。穿戴后让整个身子深藏不露，象征恢宏大度、公平正直、包容万物的东方美德。袖口宽大，象征天道圆融。领口直角相交形如曲尺，象征地道方正公正无私。背后一条直缝贯通上下，象征人道正直。下边齐平如秤锤和秤杆，以象征志向安定而心地公平。腰系大带，象征权衡。分上衣、下裳两部分，象征两仪。上衣用布四幅，象征一年四季。下裳用布十二幅，象征一年十二月。身穿深衣，自然能体现天道之圆融，怀抱地道之方正，身合人间之正道，行动进退合权衡规矩，生活起居顺应四时之序。

归纳起来，深衣不仅有日常衣服的实用性，而且契合古代礼法的精神。上自天子下至庶民不分尊卑都可以穿，可谓老少咸宜。但因为阶级、阶层不同，所处家庭内部的地位以及家庭成员关系的不同，就算款式一模一样的深衣，在布料和颜色还有服饰的选择上，也有极其严格的区别。

《礼记·深衣》记载，因家庭状况不同，制作深衣时所选择的缘边用料不同。如父母及祖父母都双双健在，所穿的深衣就用带有五彩花纹的布来镶边；如果只有父母健在，所穿的深衣就用青布来镶边；如果父母已亡，就用白布来镶边。

话说现在许多中学开始开办“成人礼”的庆典，庆典上，年轻的学子常被要求穿汉服。我没穿过汉服，但2006年春节结婚时，我穿唐装，只有上衣，而非袍服。深圳有个研究《周易》的朋友，曾长年穿长袍。他说：“穿上长袍，迈步子时会自然舒缓安详，你没法迈开大步飞火流星般疾步如飞，慢慢地，你也不可能心浮气躁。”想想，颇有道理。

关于穿着，我母亲还有不少提醒，说是禁忌更妥。

比如结婚喜庆、老年人寿庆的好日子时，不穿纯白色衣服。因为，我故乡的丧事孝服是白色的。反之，丧事时不能穿大红大紫的衣服出场。因为红色是中华民族传统意义上的喜庆色彩，你穿红色有明目张胆欢庆别人家不幸的嫌疑。

最主要的，无论穿什么衣服，不要弯腰驼背，缩脖耸肩，否则再好的衣服也会被糟蹋。行为不正，衣服是撑不起正大光明的。陈佩斯和朱时茂的小品《主角与配角》，一个演八路军队长，一个演投敌汉奸，同样一件衣服，穿在不同人身上显示出不同的精气神。

6

孔子所处的时代，所有人穿衣裳是不是死板的一成不变呢，也不是。

《礼记·儒行》里，鲁哀公问孔子："夫子之服，其儒服与？"

想必当时孔子的穿戴有别于鲁国满朝文武的服饰，所以鲁哀公才带着理所当然的口气向孔子请教吧。

没承想孔子却摇头道："丘少居鲁，衣逢掖之衣；长居宋，冠章甫之冠。丘闻之也：君子之学也博，其服也乡，丘不知儒服。"

鲁哀公本以为孔子会借此机会，充分展示自己的知识渊博无所不知，没想到他直截了当回答："我不知道什么是儒服。"

见多识广的孔子，难道真的不懂得什么是儒服吗？肯定不是。孔子给出的冠冕堂皇的理由是：做学问要博学多才，而穿衣服则要入乡随俗，不要过于拘泥于形式和固定的样式。所以他说“君子之学也博，其服也乡”。好像为证明自己的结论似的，他说自己年少时候住鲁国，跟随当地潮流穿袖子宽大的衣服；长大后住在宋国，跟随当地潮流又成了必戴大礼帽。

一句话，孔子的穿着是入乡随俗。《礼记·王制》也记载有民俗差异的服饰。

“中国戎夷五方之民，皆有性也，不可推移。东方曰‘夷’，被发文身，有不火食者矣。南方曰‘蛮’，雕题交趾，有不火食者矣。西方曰‘戎’，被发衣皮，有不粒食者矣。北方曰‘狄’，衣羽毛穴居，有不粒食者矣。中国、夷、蛮、戎、狄，皆有安居、和味、宜服、利用、备器。”

除服饰的民族差异外，同民族服饰还有时代差异。

《礼记·王制》说：“有虞氏皇而祭，深衣而养老；夏后氏收而祭，燕衣而养老；殷人冔而祭，缟衣而养老；周人冕而祭，玄衣而养老。”文中，养老指穿寿衣，深衣即本文大篇幅所谈到的深衣，燕衣相当于现在的休闲服，缟是白色织物，玄色是指带赤的黑色。

《礼记·儒行》里，基本上都是孔夫子在给鲁哀公上课。给国王大人灌输一名儒者严格的行为准则和道德修养。鲁哀公身为一国之君，没有把自己“包装”成德智体美劳全面发展，经济文化军事样样精通的强人伟人，而是虚心向孔夫子请教，值得唱他几句赞歌。可是，换一个角度想一想，又会觉得这个鲁哀公有点不务正业。

如果搭配《荀子·哀公》里一则故事，就会明白孔子装糊涂，假装自己对服装没研究的缘故了。故事曰："鲁哀公问舜冠于孔子，孔子不对。三问，不对。"

就是说这个鲁哀公啊，挺不耻下问。见孔子后，因为很想知道古时候的舜戴什么样的帽子，于是向孔子请教。一连问了三遍，孔子却不理睬。鲁哀公觉得很奇怪，问孔夫子为什么不回答？

孔子于是作答了。"古代王者衣冠朴拙，蒙头绕颈，并没有什么讲究。是他们好生而恶杀的政治品格，给天下带来一片和谐景象。君不问此，而问舜冠，所以不对也。"

意思是，孔子眼里，古人穿什么衣裳戴什么帽子，不是后人需要去特别了解的问题——如果是后世写出《中国古代服饰研究》的沈从文先生，那就另当别论啦——你堂堂一国之君，不去研究尧舜治理国家的王道，却一味关心舜戴什么帽子，你这是舍本逐末！

这个故事，好比贾谊和汉文帝夜谈，"不问苍生问鬼神"。不关心黎民百姓的死活，却惦记着长生不老的鬼话，典型不达标的皇帝啊。

7

古时的服装，就是衣服上佩戴的小饰件，也讲究等级森严。不同服饰，象征不同社会地位。从高高在上的君王，到低眉顺耳的庶民，各个阶层都有不同的象征性服饰，不可逾越。

《礼记·玉藻》说："君衣狐白裘，锦衣以裼之……士不衣狐白。君子狐青裘豹褎，玄绡衣以裼之……锦衣狐裘，诸侯之服也。"

《礼记》不仅规定了服饰的等级，还规定了同一等级的人在不同场合服饰的变易，甚至还规定了同一件衣服穿在身上，在不同场合如何摆弄，形成诸多不同着装规矩。

《礼记·玉藻》曰："诸侯玄端以祭，裨冕以朝。皮弁以听朔于大庙，朝服以日视朝于内朝。"这就是说，诸侯在祭祀时要着玄端礼服，上朝时要穿一种称为"裨"的次等礼服。在大殿堂要戴一种皮帽子，在内朝要穿朝服。

士大夫呢，"朝玄端，夕深衣。深衣三袪，缝齐倍要。衽当旁，袂可以回肘。长、中继揜尺。袷二寸，袪尺二寸，缘广寸半。以帛里布，非礼也。士不衣织。无君者不贰采。衣正色，裳间色。非列采不入公门，振絺、绤不入公门，表裘不入公门，袭裘不入公门。"

“袪”指袖口，“要”即腰，“衽”即衣襟，“袂”即衣袖，“袷”即圆弧形的衣领，“絺”是细葛布，“绤”是粗葛布。这些文字难以完整地解释含义，但可看出，士大夫早上有早上的衣服，晚上有晚上的衣服，衣服的制作包括质料、颜色、尺寸都有明确的规格，衣服不合规矩是不能穿着进入公门的，这一切都是为了礼义。

衣服不合规矩不能入公门，这还算小事。如果衣服穿错了，那就问题严重了，连脑袋搬家都有可能。《礼记·王制》曰：“作淫声、异服、奇技、奇器以疑众，杀。”

看清楚了吧，乱穿衣服，穿奇装异服，拖出去，宰了。是真的要人脑袋啊。

太恐怖了！由此可见，古人服饰必讲规矩，乃社会重要规范。

不只对人民群众的穿着有规定，对皇帝老子也不含糊。《礼记·月令》中就记载了天子服饰颜色随季节变化而变化。说天子春季穿青衣，这是因为春天万物复苏，草木发青。天子在孟夏和仲夏穿朱衣。这两个月草木欣欣向荣，万物生机勃勃，按现代人的说法，红色使人联想到活力，与夏天之景对应。

《礼记·曲礼》说:“为人子者，父母存，冠衣不纯素。孤子当室，冠衣不纯采。”这是说，穿衣服要尊敬父母。

父母活着时，儿子不要穿上象征居丧的纯素服。而父母去世之后，儿子不要穿有喜庆意义的彩色衣服。

《礼记·内则》说:“虽婢妾，衣服饮食必后长者。”意思是，“底端”妇女，衣服规格还有饮食规格，要低于高等妇女。

《礼记·曲礼》云,“冠毋免，劳毋袒，暑毋褰裳。”意思是，陪着君子坐，不能取下帽子，累了也不能袒开衣服光膀子，即使在大热天也不能把下裳提起来。

依旧是《礼记·曲礼》，陪客人入席就座时，要“两手抠衣，去齐尺。衣毋拨，足毋蹶。”

8

《礼记》里还有大篇幅谈到丧服，也算衣着礼仪之一。

《礼记·丧服四制》里说，为父母服丧，要身穿孝服，头戴孝帽，帽带用麻绳编成，脚穿草鞋。

2016年父亲去世，我回国参加丧礼，除了不穿草鞋外，我所穿的孝服，戴的孝帽，依旧和古时候一样。朝廷已换太多茬，孝服依旧不赶潮流不追时尚风。老款依旧最受“欢迎”，不对，不能说受欢迎，是传统依存，老规矩丢不得。

按《礼记》说法，死者亲属治丧期间，按一定的礼仪穿不同丧服。

丧服规格由重至轻，分斩衰、齐衰、大功、小功、缌麻五个等级，又称“五服”。五服是按戴孝的人与死者血缘关系的远近来划分，大致区别如下。

斩衰。这是五服中最重的。用粗麻布制成的丧服，左右和下边不缝。与之配套的服饰有苴绖、杖、绞带、冠绳缨、菅屦。苴绖是用已结子的雌麻纤维织成的粗麻布带子，共有两条，一条作为腰带，称腰绖，一条用来束发固定帽子，称首绖。杖又称苴杖，即竹杖。《礼记·问丧》曰：“或问曰：‘杖者以何为也?’曰：‘孝子丧亲，哭泣无数，服勤三年，身病体羸，以杖扶病也。则父在不敢杖矣，尊者在故也’。”

苴杖是借以休息之用。绞带是用绞麻制成的绳子，与腰带相似，代替平日礼服的革带，用来系“蔽膝”（用于遮盖大腿至膝部的服饰）。冠绳缨是用麻绳为缨做成的丧冠。菅屦，是用菅草打的草鞋。如服丧之人是女性，其丧服之绖、杖、绞带、菅屦与男子相同，只是不用丧冠，用一寸宽的麻布从额头上交叉绕过，然后束成发髻，同时还要用粗布包住头发，叫“布总”。服斩衰的丧期是三年，实际为二十五个月，称三年之丧。

齐衰。齐衰次于斩衰，因其丧服缉边缝齐，因此称齐衰。与齐衰配套的丧服有牡麻绖、冠布缨、削杖、布带、疏屦。牡麻绖是用不结子的雄麻纤维做的带子。削杖用桐木制作。齐衰的丧期，为继母、生母服期为三年，为祖父母、妻、庶母服期为一年，为曾祖父母服期为五个月，为高祖父母服期为三个月。

大功。大功次于齐衰，丧服用熟麻布做成，比齐衰稍细，比小功又粗一些，所以叫大功。与之配套的有牡麻绖、冠布缨、布带、绳屦。妇女不梳髻，布总也是用熟麻布。丧期为九个月。一般情况下，堂兄弟、未婚的堂姊妹、已婚的姑姊妹等人之丧，都服大功之服。

小功。小功再次于大功一等，丧服用熟布制成。配套的有澡麻带，冠布缨，吉屦无絇。小功用的熟布比大功更细。澡麻是指经过漂洗的麻，吉屦是平时所穿的鞋，絇是鞋上的装饰，小功之鞋去掉其絇即可。小功的丧期为五个月。这是有横向血缘关系的人，一般是祖之兄弟、父之从兄弟之丧，服小功之服。

缌麻。这是五服中最轻级别的丧服。用疏织细麻布制成，即每幅麻布抽掉一半麻缕，使质地变软，因而称为缌麻。缌麻服丧三个月，一般是血缘关系疏远的，如高祖父母、曾伯叔祖父母、族伯叔父母、外祖父母、岳父母之丧服缌麻。

在我故乡，丧服可没这么讲究了，但有一点延续古传统，那就是无论哪一“服”，丧服都以白色麻布制作而成。

9

谈到古时服装，不能不提小孩子的穿着。《礼记·曲礼》曰：“童子不衣裘裳。”我初读以为是皮衣昂贵，小孩子不穿，是提倡节俭。后来偶尔读到一篇养生文章，才发现自己完全误解了意思。

郑玄对此有注解：“裘大温，消阴气，使不堪苦。”原来，“不衣裘裳”是爱护孩子的身体。

《礼记·缁衣》借孔子的名义，说了番话：子曰：“长民者，衣服不贰，从容有常，以齐其民，则民德壹。《诗》云：‘彼都人士，狐裘黄黄。其容不改，出言有章。行归于周，万民所望。’”

不管是《礼记》的孔子语录，还是《诗经》的诗句，含义基本一致。

那就是身为领导人，穿着打扮有定式，言行举止从容有规律，老百姓就会有样学样。等于说国家领导人有怎样的道德品质，老百姓就有怎样的行为标准。类似“上行下效”，民间版本的说法，则是“上梁不正下梁歪”。因而，倘居庙堂之高，别动不动指责老百姓不懂规矩没素质，因为，那等于骂你自己素质差，做了坏榜样。

第二辑　俨若思

莫打落水狗

1

我母亲常说："得饶人处且饶人。"

此语并非出自《礼记》。我母亲知道这句，世人也基本都晓得这句，但该语前一句"自出洞来无敌手"估计百分之八九十的人未必知晓。

这是宋人姚宽《西溪丛语》里的诗句。后来，宋人俞文豹在其《唾玉集·常谈出处》里也有该诗句。宋代，军事上软弱，但文化艺术称得上十足彪悍。宋代文豪如云，除却苏家父子三人，还有欧阳修、柳永、陆游、辛弃疾等，个个牛气冲天。无论姚宽还是俞文豹，跟这些大佬们比，实在算不上大名人大才子，但他俩的“得饶人处且饶人”却是千古流传。

官腔里当然难得见这句子，但民间语言体系里，这七个字的市场占有率惊人得很。七个汉字，时不时从父老乡亲们的嘴边滑出来。简单，却充分体现中华传统美德中的心胸宽广、体谅包容。

《西溪丛语》载：“尝有道人善棋，凡对局，率饶人一先，后死于褒信，托后事于一村叟，数年后，叟为改葬，但空棺衣衾而已。道人有诗云：‘烂柯真诀妙通神，一局曾经几度春。自出洞来无敌手，得饶人处且饶人。’”

这个道士当然不是一般人，定是得道高人啦。按我们的定向思维，说成神仙似乎也行。他擅长下棋，凡是与别人下棋，总是让人家先走一步。后来，道士在褒信县（今河南息县包信镇）过世。因为是得道高人嘛，所以前世来生的事都了如指掌啦。于是，死前他特地向村里一个相熟的老头托付了过世后的一些事情。几年后，这个老头遵照道士生前嘱托为道士改葬，打开坟墓一看，居然是空空如也的棺材。有衣服，尸骨无影无踪。这位道士曾经有首诗是这么写的：“烂柯真诀妙通神，一局曾经几度春。自出洞来无敌手，得饶人处且饶人。”

说到烂柯，又有一个典故，即“山中一日，世上千年”的故事。“一日千年”的故事，我妈倒是清楚的，我爸也清楚，都曾向儿时的我道起无数次。有心人自己去查阅吧。妖魔鬼怪神仙佛道的故事，我的父亲母亲都爱说，故事里大多含有中华传统思想的教育，绝非猎奇。

2

母亲训导我“得饶人处且饶人”时，是上世纪70年代。那时尚年幼，但也隐隐觉得她与时代在唱反调。

出生于上世纪70年代初的我，进学堂前就能闭着眼睛熟练背诵一些铿锵有力甚至气势汹汹的革命语言了。就像这句，“把XX打倒在地，再踏上千万只脚，让他永世不得翻身。”那个特殊历史时期，农村固然没有城里那么多刀光剑影的武斗，但遵从上级指示的集体游行，以及零星散布在土屋墙壁和光秃秃山地坡道上的标语还是常见的。耳濡目染，不熟悉才怪。还有“痛打落水狗”的宣传漫画，随处可见。不过，漫画里的主角，每隔一段日子换个姓名而已。

“痛打落水狗”和“把 XX 打倒在地，再踏上千万只脚，让他永世不得翻身。”多么果断坚决、孔武有力、不容置疑！有谁胆敢逆时代潮流，给“得饶人处且饶人”发通行证？

说完“得饶人处且饶人”，我母亲的后续句子一般会有这些：“莫打落水狗，狗逼急了会跳墙，兔子逼急了会咬人。”

如果你故意抬杠，说这条落水狗嘴巴毒，曾咬你三口呢，也且放它一马？不独我母亲，我故乡的人都会这样回答，狗咬你一口，难道你也要咬狗一口？

总之，就算为人所害，也不能以牙还牙，得饶人处且饶人，这是规矩。

说到得饶人处且饶人，想起历史小说《东周列国志》里一首诗：“暗中牵袂醉中情，玉手如风已绝缨。尽说君王江海量，畜鱼水忌十分清。”

这诗里藏着一个故事。我小时看过一本连环画小人书《绝缨会》，即讲述该事。

这是一段真实史料，不过来龙去脉出入颇大。汉代刘向在《说苑·复恩》是这样记录的：楚庄王宴群臣，日暮酒酣，灯烛灭。有人引美人之衣。美人援绝其冠缨，以告王，命上火，欲得绝缨之人。王不从，令群臣尽绝缨而上火，尽欢而罢。后三年，晋与楚战，有楚将奋死赴敌，卒胜晋军。王问之，始知即前之绝缨者。

刘向是对后世影响极大的《战国策》的作者，没想到在书写这桩报恩故事《绝缨会》时闹了乌龙。男主角楚庄王没错，故事的核心内容绝缨以及楚庄王宽恕调戏自己宠妃的臣子也没错，但楚将报恩的战争并非发生在楚国和晋国之间，而是楚国和郑国。

明朝的冯梦龙是这样笔录的：楚庄王宴群臣，命美人行酒。日暮，酒酣烛灭。有引美人衣者。美人援绝其冠缨，趣火视之。王曰："奈何显妇人之节，而辱士乎？"命曰："今日与寡人饮，不绝缨者不欢。"群臣尽绝缨而火，极欢而罢。及围郑之役，有一臣常在前，五合五获首，却敌，卒得胜。询之，则夜绝缨者也。

连环画《绝缨会》图文并茂的精彩程度，比冯梦龙的寥寥数语好多了。

楚国平息一场内乱。楚庄王摆宴与群臣欢庆，到黄昏时仍未尽兴，于是点蜡烛继续狂欢。佳肴美酒，又有奏乐助兴，再来数名美女翩翩起舞。楚庄王有一宠姬叫许姬，国色天香，肌如凝脂，身材苗条。楚庄王令许姬为群臣斟酒。酒到半酣，风起将宴会烛火吹灭。穿行于酒宴中的许姬突然感到有人在黑暗中拉扯她的衣袂。许姬愤怒，反手将那人头盔上的帽缨抓于手中，并马上到楚庄王面前告状，请求立即点燃所有烛火。没想到楚庄王听了，当即下令：趁黑，每人将头上帽缨取下痛饮。

晚宴罢，许姬嗔怒，对楚庄王说："自古君臣有义，男女有别。我为臣僚斟酒却受人调戏，王不追查，怎能严君臣之礼、男女之分呢？"楚庄王笑语："君臣之宴，本在白天，按礼不过三杯。我却在晚上设宴，已失礼。群臣喝酒尽兴，爱姬又貌若天仙，臣僚们见了心动，酒后难免狂态，皆人之常情。借群臣之力，得以平息内乱，喜宴上我若为此追查定罪，国人都会寒心，说我宠爱美人胜过为国为君效命的臣子。"

不久之后，楚庄王出兵攻打郑国。副将唐狡主动请战，愿为全军先锋。唐狡拼命杀敌，大军一直攻至郑国国都郊外。

楚庄王决定奖赏唐狡。唐狡拒赏，坦白道："我就是那个拉扯美人衣袂的罪人啊，大王能隐臣罪而不诛杀，臣自当拼死以效微力报答。哪能求赏呢？"

楚庄王为春秋五霸主之一，在楚国八百年历史发展长河中，他是最具勇敢开拓精神，有胆识、富韬略的诸侯王。一场"绝缨"的好戏，就足以瞧出其不一般的智慧和胸怀。

宴席上，只需点烛火即可看到谁的头盔无帽缨，该人是调戏许姬的罪臣无疑。楚庄王不傻，他偏偏要求大家趁黑，步调一致把所有帽缨摘除。楚庄王显然是在装糊涂。

俗话说："将军额头能跑马，宰相肚里可行船。"诗里说楚庄王"君王江海量"，比宰相的"肚子"更大，一点都不是在吹捧啊。

容他人之短，谅他人之错，才会赢得良好的人际关系，才能让臣民尽心尽力为君王效命。古往今来，成大事者都具有"江海"般宽广的胸怀。

3

《礼记·檀弓》里讲了个故事，也与楚国有关，那就不只是小民犯错的事了。

工尹商阳与陈弃疾追吴师，及之。陈弃疾谓工尹商阳曰："王事也，子手弓而可。"手弓。"子射诸。"射之，毙一人，韔弓。又及，谓之，又毙二人。每毙一人，掩其目。止其御曰："朝不坐，燕不与，杀三人，亦足以反命矣。"孔子曰："杀人之中，又有礼焉。"

瞧哪，即便是你死我活的残酷战争，对古人而言，也是大有规矩可讲的。

商阳是春秋战国时期楚国的一个掌管百工以及政府手

工行业的官员，陈弃疾是当时楚国的公子。鲁昭公十二年，楚国与吴国交战。吴军败退，楚军乘胜追击。追上后，陈弃疾对没有勇敢杀敌的商阳说，“兄弟啊，我们带兵出来打仗，这是奉国君之命行事，不可敷衍怠慢装装样子啊。你怎么还不张弓搭箭呢？”商阳只得取箭张弓，张弓后却并不急于射杀敌人。陈弃疾看他杀敌不积极，又提醒道：“机不可失，时不再来，你赶紧出手啊。”于是，商阳就射杀了一名敌兵。继续追，又追上，陈弃疾又提醒商阳动手，商阳也就继续射杀了两名敌兵。至此，商阳就劝阻为他驱使战车的车手，不要再穷追猛赶溃败的敌人了。他说：“像我们这号小角色，上朝去面见君王时，根本就没资格坐下来和君王还有那些三公九卿商议朝政，更没资格参加国宴。现在我们已经一鼓作气射杀了三名敌兵，已经够本回去交差了，我们打道回府吧。”这故事传到孔子耳朵了，他不免大发感慨，“就算是杀人，也有礼法可依啊。”

按说，两军交锋勇者胜。何谓勇者，那就是无所畏惧，勇敢“杀”敌。砍人砍得多，敌人片甲不留，尸横遍野，就是伟大胜利。历史书上，往往会把“某某战役消灭敌军多少万”作为非凡战绩拿出来炫耀。无论是内战，还是与入侵外敌交火，很多时候，以杀敌多寡的具体数目确定军功，这在很多战争史册里均可见到。

重复一次。孔子曰："杀人之中，又有礼焉。"

对商阳与陈弃疾杀敌故事后的一句评论，虽短小，却足以表明孔子的军事思想和战争理念，那就是不得滥用武力，哪怕你有做天下霸主的实力，也要有所节制。对外迷信拳头和野心，一味穷兵黩武，往往最终自取灭亡，二战枭雄希特勒即是明证。对内迷信拳头和野心，骑百姓头上作威作福，贪污腐化，也终将坠入灭亡。

4

《礼记》果真称得上是部百科全书，就算当军事书读读也无妨。当然，《礼记》里与战争有关的内容并不多，《礼记·少仪》有这么一句，"军旅思险，隐情以虞"，像是参谋长或政委在发言，更像军政大学的一把手在开学典礼上做报告。

"军旅思险，隐情以虞"的意思是，行军打仗要考虑利用险要位置出奇制胜，严守自己的军事秘密，对敌情则要多加忖度。

孔子身为儒家的老祖宗，他的政治理念是仁政。他自然劝诫统治者不得滥用武力，杀戮不可太盛。后来的儒家传人之一荀子，专门就战争有过论述。他说，战争的根本是仁义，它的目的是禁暴除害。由此出发，他提出，有战争就有杀戮，但并不是去杀戮那里的平民，也不是非得杀得寸草不生。两军相争，依旧是勇者胜。但把“勇”限制在“义”所适宜范围内，也就是说既能勇敢作战，又不滥用武力。古人说“屈人之兵”为上上策，正是此意。反之，拼命秀肌肉，亮武力，胜之也无法得民心，是下下策。

荀子把“仁为兵本，兵依仁用”推进到具体战争中的作战行为也须符合“仁”的要求，和今天国际人道法强调的战争理念、作战规则如出一辙。

《菜根谭》说：“径路窄处留一步，与人行；滋味浓的减三分，让人嗜。”路让一步，味减三分。是宽容之道，乃为人处世的智慧。上升到国事，就是仁政。

勤俭持家

打小，无论读书还是干家务活，我稍有偷懒，父母就会反复告诫："人要吃得苦，霸得蛮（湖南方言，指对事情执着）。"

有人总结湖南人的性格特征，是十二字方针：不怕死、耐得烦、吃得苦、霸得蛮。

看来，我父母少说了六个字呢。

童年，寒冬腊月，跟随父亲去别的生产队打鱼。渔网被池塘中的树枝钩住，动不得。父亲脱掉衣服，下池塘去取树枝。池塘边，枯草上有白雪，我记得很清楚。那时候，附近七村八里，唯有我父亲懂得用拖网捕鱼。捕鱼一次，收费两元，外加两条鱼作为酬劳。其实，就算人家能学会用渔网捕鱼，又有几人能吃得那苦。捕鱼，一般是逢年过节时候。腊月里，北风那个吹，雪花那个飘，你脱掉衣服下池塘去解开被困住的渔网试试看。

我母亲曾“忆苦思甜”，说她那年六岁，同样是寒冬腊月，刚给人家做养女。为了打猪草，去菜地里拨开厚厚的雪，扯白萝卜，然后洗干净，剁碎，煮熟，喂猪。

这应算作“不怕死、耐得烦、吃得苦、霸得蛮”吧，简单点说，可以用两个字概括：勤劳。

《礼记·内则》讲：“孺子蚤寝晏起。”小时候的我正是这么做的，睡得早，但起床比谁都迟。我是家中老小，每次醒来，父母早已不在身边，不用竖耳朵，就听到家里已是叮叮当当啪啪噼噼的交响曲。

那是全家人都在忙活各自的事。

上至祖母，下至我姐我哥，肯定没读过《礼记·内则》，但他们步调一致，早起，各司其职，乃遵循了《礼记》里的规矩。

《礼记·内则》曰：“凡内外，鸡初鸣，咸盥、漱，衣服，敛枕、簟，洒扫室堂及庭，布席，各从其事。”

家中所有的人，尊卑长幼莫不皆然，在鸡叫头遍的时候，就必须起床，洗面漱口，穿戴整齐，收拾好枕头卧席。洒水清扫，室、堂、庭院，都要打扫干净，铺设好座席。然后，各人做各人分内的事务。这等于是《礼记》在传授家庭管理经验了，大家要分工明确，各司其职。

公鸡叫头遍，如果不是前半夜里恶霸地主用棍子捅了鸡屁股，故意要公鸡提前打鸣，公鸡头遍叫喊大约是凌晨四五点吧。此时，天边露出鱼肚白，窗外蒙蒙亮。这个时候，就从暖和的被窝里爬出来去干活，这只能说太勤劳了。

唐朝的颜真卿曾写过《劝学》：“三更灯火五更鸡，正是男儿读书时。黑发不知勤学早，白首方悔读书迟。”是说读书到三更才入睡，五更又要起床再继续努力。等于深夜十一二点睡觉，凌晨四五点又要起床了。诗里写的是读书学习要勤奋，《礼记》说的则是过平常日子，也要勤奋。

《礼记·内则》关于家庭全体成员要勤劳的言语，并不多。此章节主要言及家庭内部成员应遵守的规则，尤其是做儿媳的，要如何不辞艰辛孝敬公婆。另外，还大谈饭菜的烹饪，主食、辅食、配料搭配，一个都不落下。制作过程可谓详细而烦琐，堪称中国第一部“菜谱”“食经”。

从《礼记·内则》可看出，讲孝道，勤俭持家是必须的——本想根据《礼记》的号召，写篇《好媳妇是如何炼成的》，因已有《多年的媳妇熬成了粥》，且放一边去，留待下回再写“礼记”时说。今天，只说“勤”。

《礼记·玉藻》曰：“勤者有事则收之。”勤，古注为“执劳辱之事也”，本身是说小孩子穿衣服有下垂的飘带，做事情时就要收挽起来。有人却引申为“勤奋的人，遇到有用的事情则转化为自己的经验”，说法似乎过于勉强。

而《周易》曰：“天行健，君子以自强不息。”则是百分百说勤了。

人尽皆知的名言，“成功是1%的天赋，加上99%的汗水。”是说勤。

“骐骥一跃，不能十步；驽马十驾，功在不舍。”依旧是说勤。

中国古代著名家训，如《曾国藩家训》《朱子家训》《颜氏家训》等，无不把“勤俭和孝悌”列入家训。

“家俭则兴，人勤则健。能勤能俭，永不贫贱。”此十六字箴言，即出自曾国藩之口。归纳总结曾大人的话，就是“勤俭家道兴”。

别与“小人”为友

1

我母亲常说：“不要跟小人做朋友。”

很多时候，母亲是在灶台上给我“上课”的。田地里尽是干不完的农活，六个孩子里，我最小，去田地，我是不合格劳动力，大用场派不上，但四肢健全，总得发挥点作用，不能当废物吧，母亲做饭时，在灶台下添柴烧火的光荣任务也就交给了我。活轻松，可岗位同样重要，一个萝卜一个坑，这个坑还真不能缺萝卜。

每每我在灶台下的灶膛里塞柴草，母亲手上操着锅铲炒菜，嘴也不闲，会抓紧时间给我灌输点她认为能让人受益一辈子的大道理小道理。我记得，光“万般皆下品，唯有读书高”这话，我母亲就说过不少于99遍。

母亲在灶台上继续授课：“小人不可交，小人不可亲……”

我的脑海很自然就冒出一个又一个小屁孩模样。“妈妈，小人是小孩子吗?”

母亲断然否定：“不是，小人不是没长大的小孩，是大人，但这种人总是占别人的便宜，自己吃不得哪怕一次小亏。”

那天我父亲碰巧在旁边。他不甘寂寞，补充道：“小人总是喜欢信口开河，然后做不到。比如借了人家的钱，赖账不还……”

有人来我家借钱，后来没还，这事我记得。那人从我家借钱时说得天花乱坠，声称过几天就还。那钱我母亲本打算去买小猪崽的。虽然只有十几元，可那是我们家好不容易攒的一笔“巨款”。因为钱被借走，后来眼睁睁看着邻居家所有小猪崽都卖空，爸妈特难受，对借钱不还的那个人相当恼怒。

母亲在我脑海里确立小人的“标准”后，没进一步阐述小人的危害性。我当时年幼，也没当回事。那时我已能熟练背诵孔子的千古名言“唯女子与小人难养也”。可我不怕小人给我穿小鞋，我光脚不穿鞋，总光着脚丫子在野地里乱窜玩耍。都说光脚的不怕穿鞋的，谁怕谁啊。

逐渐长大，终于见识到小人的大能量，怕了。严格说，也不是怕，是从骨子里瞧不起，从而不愿与之亲近。

我的做法遵循了年幼时母亲所下的指示：不交往，不亲近，哪怕对方原本是同窗，是近邻，是亲戚。

2

《礼记》里对小人也比较关注。《礼记·坊记》说："君子约言，小人先言!"大概意思就是君子说话谨慎小心，说到就做到。至于小人嘛，热衷于妄言妄语，空口说白话，老早就说出口，事后却不做或根本做不到。

瞧这话，倒与我爸为小人下的定义接近。妄言妄语，言而无信，小人也。

还没完，《礼记·缁衣》又借孔子的口，再次给小人贴标签。"子曰：唯君子能好其正，小人毒其正。"

这又是什么意思呢?

有人给君子指出其不足，他会心生欢喜，满怀感激。而小人呢，若有人对他善意地批评指正，惨了，他一定会怀恨在心，没准还会挖空心思打击报复。

《礼记》给小人下定义时，习惯于把君子搬出来对比一番。君子一直充当小人的"阶级敌人"，绝对的针尖对麦芒，硬碰硬的对立面。如果说君子是正面教材的话，小人就是反面教材。如果君子是蓝天白云的话，小人就是雾霾锁城。

“正人君子”，四个字，光明磊落，掷地有声，多强悍的正能量！反之，“卑鄙小人”，也是四个字，闻之恶心，言之寒心，谁听了谁绕道走。不避不行哇，俗话说“小人不可得罪”，否则吃不了兜着走。既然是小人，心胸自然极其狭窄。你无心，一不留神就踩了他的尾巴，这下好，比踩了地雷还悲催，小人是绝不会高抬贵手放过你的。表面上他们未必会真枪实弹冲你开炮，但玩阴招是小人的拿手好戏，明枪易挡暗箭难防哪。

别说我们这些小角色，就是诸葛孔明那样的厉害角色，对待小人也没辙，只能无奈地采取“惹不起，躲得起”的方式避免栽跟头。诸葛亮借《出师表》这样给刘备的儿子刘禅出主意：“亲贤臣，远小人。”

坦白说，我对这位后来被司马氏弄去圈养而乐不思蜀的蜀汉后主的智商空操心，他该认识“亲贤臣，远小人”这六个字，问题是，他辨别得了谁是贤臣谁是小人吗？满朝文武，没一个人脑门上挂小人的横幅啊。

其实，早在诸葛亮认为治理国家绝不能用小人之前，已有《周易》态度鲜明地对小人进行了宣判。《周易》六十四卦之师卦里有句爻辞曰：“开国承家，小人勿用。”国家也罢，家庭也罢，小人都属于万万用不得的啊。

遗憾世人多把《周易》当预测命运祸福的宝典，不会从中寻找修身齐家治国平天下的方略，从中找生儿育女经的估计更没有。还是得感谢诸葛亮这个超一流明星级别的历史人物，“亲贤臣，远小人”这几个字经他的嘴一说，效果大不同。从此，该话千秋万代传下来。我疑心我母亲也是偷师诸葛亮，从而告诫儿女们不交小人、不近小人。

也不只是我母亲，普天之下的父母，都一定会告诫未成年的儿女要坚定不移地与小人划清界限。除非他们自己本身就是小人，奔着共同的险恶目的走到一起，由此希望自己的儿女能够与小人手牵手心连心。

不与小人为伍，简单说，简直算得上宇宙真理。凡是小人，道德低下，人格鄙贱。这简直算得上世人对小人的共同评价。

然而，小人的脸上永远不会打广告贴标签。绝没有哪个小人竟胆气十足声明“我是小人我怕谁”，更没哪个敢在自己头顶挂上小人的金字招牌招摇过市。而且，上帝甚至有故意给世人出难题的嫌疑。凡小人，往往能说会道，往往聪明机灵，往往就算假笑也会笑出阳光灿烂的效果……小人，往往给初识者“能人”的第一感觉。

不交小人容易，识别小人才难。

亏得世间的小人万里挑一，少之又少——坦白说，我活了四十多年，沾亲带故的亲戚、比邻而居的男女，不同年龄段的同学、老师、同事、文友……五花八门的小伙伴，当然微信时代的微友也应算上，交往、认识的人，累计起来不说万儿八千，说有六七千这个数肯定不用打折扣。但，我心目中的小人，大致符合小人各项指标的顶多一个半。

3

瞧瞧我是如何识别小人的吧。

第一，看面相。

虽说我好歹也曾出任过一个国际易学研究会的副会长，然而我并非想借此机会传授点相术方面的理论知识和江湖技巧。事实上，我对相术纯属于半瓶醋，懂点皮毛而已。在此，我不过想告诉你，小人的“小”，脸上真是有几分刻痕的。

中国有句老话，“君子坦荡荡，小人长戚戚。”

以此作为鉴定小人的标准，管用。

君子，虽然不能说每个人的脸上都会阳光灿烂四季如春。但他们的眼神，绝对在任何时候都敢于直视别人的眼睛，清澈明亮，而不是躲闪，不是阴郁沉抑。君子多是胸怀坦荡仁心厚爱的人。由此，无私无畏、泰然自若、真诚端庄和笑吟吟是君子的常见面容。

反过来，如果某人一年四季不分早晚都哭丧着脸，好似全世界劳动人民人均欠他 20 个铜板似的。若不是该人接连遭遇了祸不单行的天大不幸——对不起，该人危险，即便不够“小”，也绝非“高、大、上”的标准相。负能量的人得远离。

始终记得我在深圳生活时，有次与人聚，其中一个女孩打趣另一个女孩：“你哥的脸，怎么整天一副苦大仇深的样子啊。”

后来得知，拥有“苦大仇深”面相的这个人，被许多人视为不可交的人，连血缘近亲都对其诸多行径嗤之以鼻。

想想也是，若你本身就心胸狭窄，又私心杂念多如牛毛，整天在算计别人，在琢磨着占人家便宜，寻思着自己绝不吃哪怕一粒黄豆的亏……心都为自己的一分一毫的利益得失操碎了，碎成一地鸡毛，自然会愁眉苦脸，哀怨万端。在脸上集中化表现出来，不就是“苦大仇深”嘛。

所以，所谓看面相测小人，实际上是看一个人的外在气质，看一个人的内在胸怀。也就是说，凭气质，凭胸怀，就完全可以鉴定某人是不是小人。

心胸开阔坦荡的，乃君子。反过来，狭心症患者，小肚鸡肠，常为一己私利的得失而辗转反侧忧惧不安的，小人也。日常生活中，君子的脸上总是朗朗乾坤，小人的脸上总是阴晦张皇。

《论语·子路》里有句话对君子和小人进行了一锤定音的对比："君子泰而不骄，小人骄而不泰。"

君子心有大志，有定力，勇敢，处事泰然自若，即便地位成就颇高，也始终毫无骄矜之气。而小人目中无人，总是傲慢无礼却又做不到坦然、泰然，时常露出张皇、自卑之态。

说到底，一个人胸怀涵养终究还是会从气质上表现出来，也就是从人的外貌毫无遮拦地和盘托出。

第二，看该人的朋友。

欧阳修在他著名的《朋党论》里写有"小人无朋"四个字。我想，没有比这更妙的鉴定法则了。判断一个人是否乃小人，观其朋友数量，乃最佳鉴定手段。

不能说有朋友的人，就一定是谦谦君子。但，居然连一个朋友也不拥有的人，真的足以凭"小人无朋"的判断而视为具备做小人的资格。

按我母亲的标准。只能占便宜，不能吃亏，就算是偷盗者，他也不会有合作伙伴。所以，朋友圈自然会空空如也。

按我爸的标准。借钱不还，言而无信，谁都会敬而远之。所以，朋友自然空缺。

按《礼记·乐记》的标准。“君子乐得其道，小人乐得其欲。”瞧瞧，小人的快乐分明是建立在个人私欲得到实现和满足的基础上，照此，世上谁会选择利欲熏心的人为友呢？

你也许会说，人世间谁会没有朋友呢，歹人不是也会有几个狐朋狗友嘛。即便以偷鸡摸狗为业的人，也一定会有因利益驱使而臭味相投形影相随的铁杆帮手啊。

对，杀人放火为非作歹之徒，确实也少有单枪匹马为害社会的。但帮凶能算朋友吗？为利益所驱使，勾结而已，一旦无利可图，立马分道扬镳。

《论语·为政》里有“君子周而不比，小人比而不周”一说。按孔子的说法，君子之交，乃因共同的理想追求或情思意趣或学识见解，而紧密团结到一块，并非为私利而勾搭成奸。反之，小人则是为了某些见不得人的利益而勾结到一堆，绝非当真的心连心，正是俗话说的“狐朋狗友”。就算小人有狐朋狗友几个，因是为私利而勾结，一旦无利可图时立马作鸟兽散。

因此，通过朋友鉴定其是否小人，朋友的数量要看，朋友的质量更要看。也可以这么说，看某个人交往的朋友的面目，基本就可以确认某个人的道德品格了。物以类聚，人以群分，君子同道，小人同利。

至于说，如果你身边有人连一个朋友也没有，数量为鸭蛋，这人理所当然乃臭蛋。

除了看相看朋友足以鉴定小人，看言行也能判断出一个人的德行与小人相差多远。

有几句我亲耳听到的话，几乎可以断定该发言人有成为小人的潜质，或早已抵达小人的高度。其一，只要自己开心，你管别人开不开心干吗？其二，我自己有钱赚就行。其三，我妈又不会跟我过一辈子，我同事也不会跟我过一辈子……

只要自己开心，不管别人开不开心。一语足见其自私自利之心，这种人自然不会有朋友。就连西方的《圣经》，也有这么一句话："如果活在自私中，身边就没有朋友。"同样，除了钱啥也不爱的人，只爱自己连亲生父母和身边亲友都不关心的人，注定活成孤家寡人。

第三，看该人对父母的态度。

中国有句老话，有其父必有其子。话绝对了一点，既然古话说"龙生九子不成龙，各有所好"，那么父母相同也难免有品质不同、性格各异的儿女。但有一点，为人子女，如果对父母冷暖不闻不问，对父母说话恶声恶气，甚而对父母拳脚相加……该人足以与小人画等号了。

我母亲常提醒我们兄弟姊妹交朋友要注意防范一种人，“一个对亲生爹娘都恶语相加的人，会对你好吗?”话直接，道理直白，不敬不孝者，不足为友。

一个人连给予自己生命，养育自己成人的父母，都做不到永葆感恩之心去爱戴去赡养，借用一个朋友叱责她只认钱而六亲不认的亲兄弟的词语，那就是“狼心狗肺”。在我家乡，对不孝之子，通常会用最严厉的话语批判，“良心被狗吃了，猪狗不如”是最常闻于耳的俗语。话糙理不糙。

生命受之于父母，身上流着父母的血液，却连父母也不孝，不可能期待他对非亲非故的你真诚热忱地友好。如果他对父母歹毒，却偏偏对你表现得格外友好，笑脸盈盈，竟然袒露出有求必应的高尚，那么，他基本上乃小人也。因为，他所表演的“美好”，十有八九乃权势所迫，利益所驱罢了。

其实所谓不孝，也不止是对父母。对曾教授你知识的老师，对传授你技能的尊长，对也许仅仅一言之恩的师友，也该崇敬爱戴。如否，即使不算不孝，也属不敬了。而“孝敬”本来就是相连的。

总而言之，一个人自私自利，不会有朋友亲近，不会孝敬父母，也自然不会拥有一张阳光明媚春风拂面的脸。

如此说来，判断、识别一个人是否小人，无论看相貌，看朋友还是看其对父母的态度，听其言、观其行，归根到底，都是相通的。

最后，有道题考考你。

问：什么人的嘴脸最难忍？

答：小人得志。

家长里短，别不耐烦

1

“羹之有菜者用梜，其无菜者不用梜。”

这番话不是我妈说的，却真的很像某位慈眉善目老母亲说的。她在耐心关切地教导年幼的孩子如何对付一碗热气腾腾的汤。

“崽啊，汤里如果有菜，你就用筷子捞起来吃。若是清汤寡水，里头啥货都没有，你就不要劳筷子的大驾了，端起盆子喝好了。”

喝汤这么小的事，居然在《礼记·曲礼》里也有专门的文字进行指导。初读到“羹之有菜者用梜，其无菜者不用梜”，我忍不住想笑。坦白说，我的第一感觉是，这不是废话嘛，汤里有菜用筷子，没菜直接喝，谁不知道啊。

细看，整部《礼记》，纯属“多此一举”婆婆妈妈的事真不少。当然，若拿《礼记》跟更早的《仪礼》比，可谓进步多了。《礼记》主要是记述礼仪的原则，而《仪礼》则更乐于沉浸在记载“陈尊俎，列笾豆”等礼仪的细枝末节了，个别地方简直是婆婆妈妈到忍无可忍的地步。跟周星驰《大话西游》里的师父，那个整天嘴里叽叽歪歪只惦记给孙猴子上思想品德课的唐僧有一拼。

对不起，我还是先喝完汤，再说其他。

也不知道古时的厨师本领如何，那时有酸辣汤否？有酸菜鱼头汤否？有人参燕窝汤否？有紫菜蛋花汤否？有丝瓜肉片汤否？

以上这些汤，凭我的手艺也能烧得香喷喷的。这些汤水，都属里头有料的。我猜即便不学习儒家的饮食礼仪精神也都知道，肯定要操起筷子在汤碗里搜罗一番。当然，也有例外，撞上程咬金、张飞、李逵这类大侠，一上桌，要它个鸟筷子，连汤勺也懒得叫店小二送到桌边来，大爷我直接将汤盆扣嘴边，三下五除二哧溜哧溜就把汤水送到肚子里去了。

以前，我认为古时的儒家老兄们都是同一副尊容，整天摆出别人欠他们 15 贯铜钱的样子，超级严肃认真。其实错怪他们了。很多时候，儒家弟兄们都儒得可爱。就连喝汤这般日常生活中的细小事情，他们都一本正经制定出细心体贴的规矩来。我们真该感谢古人们的用心良苦。

也不知戴圣选编《礼记》是否有遗漏，关于喝汤，除了该不该把筷子派上用场之外，我觉得，喝汤时机的选择，其实也值得书上一笔。

同样是餐桌上的事情，饭太烫了，《礼记》里就有“毋扬饭”的规劝，也就是不把碗里的饭挑起来让它赶紧凉快凉快。那么，汤太热乎了，是否也容不得拿筷子汤勺搅拌，容不得用手稳住汤碗再轻轻摇晃以便提高热汤的降温速度呢？既然《礼记》懒得说，我也就不说了。

说及喝汤，我母亲就比孔夫子和他的传人们想得周全多了。

单就做汤这门厨艺，我母亲最拿手的项目是煮蛋花汤。也是没办法，家穷，上哪能喝海鲜汤、猪肺汤啊。鸡蛋自产自销，难度相比之下，不算太大。

一个鸡蛋，在瓷碗边轻叩一下，我母亲右手大拇指一推，其余四指一扣，蛋壳一分为二。蛋白蛋黄老老实实全落在碗里。筷子在碗里飞快旋转，碗一倾，将混在一起不分黄白的鸡蛋汁倒入翻滚的沸汤里。转眼，黄白相间的蛋花马上在铁锅里盛开翻滚。

蛋花汤出锅，热气腾腾香气扑鼻，在餐桌上难得见荤的我家，有这等美味上桌，我自然有点急不可耐。偶尔，滚烫的蛋花汤就无情地伤害无辜，把我的舌头或嘴唇烫出水泡。

我一声惨叫后，我母亲的教诲立即出场："火没烧屋顶，你急什么!"末了，总忘不了补一句生活小道理，同时又是人生大道理："心急吃不了热豆腐。"

顺便说一句，湖南人做汤，谓为"煮汤"。我在深圳生活了13年，学会广东人的"煲汤"。煮汤是急火攻心，煲汤是慢工出细活，湖南人多急性子，单就厨房里对待羹汤这小小的日常事务上，就能瞧出一二。

2

汤汤水水的事总算说完了，现在轮到说《礼记》里其他婆婆妈妈的碎事了。

挑明讲吧，读多了孔子，偶尔还真会有点烦他。

我发现孔子有时实在有点话太多。居然会拣一堆废话翻来覆去说，和《大话西游》没完没了叽叽歪歪的唐僧简直称得上亲兄弟。

当然，孔老师可能是"替罪羊"而已。《礼记》里很多细细碎碎的东西，未必是孔老师的本意，是弟子们以及孔家传人们打着他的招牌，打造出花样太多"日常行为守则"而已。

比如说吧，《礼记·曲礼》里有这么几句，"将适舍，求毋固。”“登城不指，城上不呼。”“拾级聚足，连步以上。上于东阶则先右足，上于西阶则先左足。”

又比如说，《礼记·少仪》里说：“凡齐，执之以右，居之于左。”

你瞧瞧，你听听，“将适舍，求毋固”，那口气仿佛是老夫子对即将出门（当然也包括出国）旅游的张三李四或是王姨赵婶说，你们去北京上海啊纽约巴黎啊卡萨布兰卡伊斯坦布尔旅游时，别忘了住旅馆的时候，万万不要以为是自家那样不以为然，稀松平常。

这等于公然与习俗中的酒楼旅馆的广告宣传唱反调。

瞧人家酒店饭馆如何说的，接待处赫然高高挂着“宾至如归”。也有不挂的，做招牌要钱啊，节约点吧，但嘴里也会唱高调，“顾客您好，您就把这当自家吧。”

言下之意，说我们这里招待客人是超一流的，比亲娘老子照顾你还要周到细致，你就放心大胆当自己的家吧。

“宾至如归”，与衙门大堂上挂的“明镜高悬”属于古今中国最响亮的广告语。至于是否实至名归，反正我是不会打包票的。

白天去上班，西装革履，夹着尾巴在老板或上司面前做人，回家来自然要身心放松。口无遮拦偷偷骂几句死抠门的老板，亮嗓子咒几句道貌岸然的官老爷，身子一歪躺沙发上翻白眼休息 10 分钟，坐马桶上边看微信边傻笑半小时，穿个短裤衩光着膀子在客厅里晃来晃去……轻轻松松，倍儿爽。

孔夫子和他的弟子们，谁会有这个贼胆？

古人在家，白天是衣冠楚楚，晚上是从容淡定。衣衫不整乱了方寸的时刻，也许只有洞房花烛夜，金榜题名时。既然在家一贯保持这般绅士风度，精神面貌盖了帽的不一般——你别说，在我眼里，半数以上古人，他们的涵养修为、风度气质足以打上贵族标签。

既然孔夫子和其嫡传门生以及再传弟子们都强调在家也罢，出门在外也罢，都要熟练背诵日常行为守则，严格遵循礼法，所以大肆宣扬“将适舍，求毋固”也就可以理解了。

至于说“登城不指，城上不呼”，这话跟小时候我娘给我灌输过一万次还多的教诲大同小异。我娘的原话是，不要到处指手画脚，不要动不动就大喊大叫。

任何地方，不乱指，不喧哗，原本是古今中外每个人最应该懂得的入门级的修养啊。把“登城不指，城上不呼”这话写进《礼记》，作为礼法之规章，真有点高射炮打蚊子的架势。

登城为何不能指手画脚？在城墙上溜达时为何不能喧

哗叫喊？

城墙高啊，你站在城墙上，挽起衣袖，一手叉腰间，一手作伟人状指点江山激扬文字。别人站城墙底下，明显是矮你几截，以为你站高处指点的不是江山，而是我王老五。

李太白说，“不敢高声语，恐惊天上人”。你高声语，惊的却是地上人。惊出别人的冷汗，万一由此引发一场争端就亏大了，划不来。

明知有《礼记》一书的，独中国一家，别无分店。但我到国外生活十年，得知公众场合对着他人指指点点，敞开嗓门大呼小叫，都属于极不礼貌行径，说得不好听，那形同于野蛮人行为。

倒是自古有“礼仪之邦”的中国，国人到异国他乡旅游，不少人却成了蛮夷之民，大呼小叫，指手画脚，一窝蜂抢购……丢的不是个人的脸，是一个国家，一个民族的丑。

3

《礼记》里的礼法要求并非全然可取，比如“拾级聚足，连步以上”我就觉得没必要。登台阶，上一级，就两腿并拢一次，再上一级。这般爬台阶，别提多啰嗦，但没办法，估计当时纯属无奈的技术活。话又说回来，每一级台阶都让双足会合，充分体现出“不慌不忙”的从容，急啥呢，又不是火烧屁股，又不是急着去移民，又不是去抢购打折商品……真的没必要三步并作两步，没必要脚踩风火轮一样马不停蹄。

从另一个角度来说，也是迫不得已。

春秋战国时期的男同胞比今天的我们可怜多了，裤子是没有裤裆的。当时无论男女，都是连身衣，男性的裤子倒是有俩裤腿，不过只有俩宽大裤腿管，上端连在一起，用带子系在腰间。

对于穿着，《礼记》也没忘提一提。《礼记·内则》中有如下语：“十年，出就外傅，居宿于外，学书计。衣不帛襦裤。”此处的“裤”，是贴肉穿的，是内衣，不能外露，除非睡觉。平时，裤的外面必须穿上类似于裙子的长袍。

袍子长，又张开口。你闭上眼睛想想，这么个穿着，没裤裆的内裤，外面又不过罩着类似于裙子的布袍，你上台阶左右开弓，一步一个台阶，高抬腿，行吗？我的个人感受是，难。你若不信，你穿个筒子裙，去试一试吧。

没裤裆的短裤衩，很难高抬腿，两腿分开的角度有限，这是其一。其二，高抬腿，裙子分开，露出阳春白雪来，春光乍泄。为保险起见，慢慢爬楼梯爬台阶吧。不过，拾级而上，上一级，双腿并拢一次，仪式感很足，能充分体现不急不慢的晃悠悠，肯定比三步并作两步施展轻功一样登台阶优雅得多。

顺便说说，《礼记》里提到的“衣不帛襦裤”，是提倡俭朴。要说呢，我在本书也写了《人靠衣装》，但纵观中国服装史，要整出 100 万字长篇大论，都轻而易举。分散点文字吧，且在这里闲扯几句穿着的事。当时我们短褂子（襦指穿在内的上衣）和短裤子，都不能用丝绸来做，用粗布做就行。可中国历史走到六朝时，那些官二代富二代，居然出现用白色丝绸来做内衣裤的。于是，“纨绔子弟”一词登台亮相，成为铺张浪费的奢华子弟的代名词。

至于登台阶时的“上于东阶则先右足，上于西阶则先左足”，在今天看来，已经没必要。管你先抬右腿还是左腿，小心点走，别摔着就好。当时，左右，古有尊卑之分，阴阳之别，所以左右分先后。

“凡齐，执之以右，居之于左。”又是什么意思呢？

本书《吃有吃相》一文也会搬出这话来，这里就简单解释一下：给食物调味道时，右手拿调味品，比如油盐酱醋，左手端食物。

孔老师吃喝拉撒的年代，尽管酱醋都已发明，且已有手工作坊生产，但主要的调味品是盐和青梅——《尚书·说命下》有如此说法：“若作和羹，尔惟盐梅。”意思就是，我如果做菜，盐啊青梅啊，肯定是少不了。

且不管拿的啥调味品，为何非得指定右手“执之”？如果是左撇子，也一定要向孔老师制定的标准看齐吗？

孔老师啊，管他左手还是右手端菜拿盐瓶子醋坛子，别把油盐酱醋撒得太多才是硬道理。

《礼记·曲礼》有这么一句：“为人子者，居不主奥，坐不中席，行不中道，立不中门。”

坐不中席，这个好理解。做儿女的，吃饭也好，品茶也好，喝酒也好，不要大大咧咧坐酒席饭桌的正中位置（这个位置属于长辈）。“行不中道，立不中门”就多此一举了。行于中道的，除非螃蟹，横着走吗？人在大马路中央大摇大摆走，不是等死吗？汽车跑得比野马还快，危险哪。就像前几天，有人仗着人多，居然列队在马路主干道跑步，名曰“暴走”，不就被一辆出租车给“教训”了一番吗？

至于“立不中门”，你立中门，会挡人家道，遭人骂呢。人家会这么笑骂你：“喂，好狗不挡路啊。”

我这么写，是不是旗帜鲜明地反对“婆婆妈妈”呢？非也。汪中求写了本畅销书《细节决定成败》，所谓细节，有时候就等于婆婆妈妈。

心存敬畏，行有所止

1

北宋神宗时期，王安石跻身执政之列，力主变法。他知道，就算皇帝当他的后台，百分百支持他，但如果不破除旧思想，变法工作也难以展开。于是，他面向全国人民喊口号，这口号可谓开天辟地头一遭："天变不足畏，祖宗不足法，人言不足恤。"这三句话掷地有声，宛若战斗檄文，吹响了王安石变法的冲锋号。

有人说，"三不足"是王安石变法的精神支柱。其实质，就是跟老一辈传统思想唱反调。

前人讲"天人合一、天人感应"，王安石一口否定。王安石的意思是，长江决堤发洪水也好，四川地震活埋人也好，广东台风掀翻民宅也好，都不过是自然灾害而已，跟国家兴亡、皇帝是昏君明君没有半毛钱关系。

前人说"祖宗之法不可违"，王安石却认为老一辈定的规矩，如果跟不上时代，成为阻碍社会迈向现代化的绊脚石，我们就必须勇敢地抛弃它，扛起革命的大旗，另起炉灶。

前人说“人言可畏”，王安石觉得没必要去在乎所谓的“民意”，真理往往掌握在少数人的手里，别人的流言蜚语，就当蜘蛛丝一样轻轻抹去吧。

“三不足”口号传到三朝元老，曾为大宋王朝宰相的富弼耳朵里，把富大人吓得够呛。惨了，惨了，天要塌了。他战战兢兢叹气：“人君所畏惟天，若不畏天，何事不可为者！”富弼后来多次向宋神宗上奏，即使被贬官离开皇帝身边，也一再坚持写奏章，不厌其烦劝神宗莫被别有用心的人忽悠了，一定要有所敬畏。

在富弼看来，“天变、祖宗、人言”皆不足畏的话，确实会天地为之色变矣！

皇帝，自称天子，大意相当于天老爷的儿子。如果天子连他老子，也就是上天都不放在眼里了，那还有什么足以让他敬畏害怕的呢？他岂不是可以肆无忌惮为所欲为了。为所欲为肆无忌惮，不用说，就是和尚打伞——无法（发）无天，就是独裁专制，一条道走到黑，和后世的走向万恶的希特勒一个模子。

富大人其实算开明主义者，甚至说得上半个改革派。

王安石变法，他和苏轼、韩琦等名臣开始是表示支持的，尽管是有限支持。也许，就因王安石要走“三不足”路线，他慢慢走到王安石的对立面，加入了以司马光、欧阳修等朝廷精英为核心的反对阵营。但苏轼、韩琦等人反对变法，是反对王安石部分不合理的新法，而富弼走向王安石的对立面，最主要还是王安石的“三不足”思想指导下的滥用职权，毫无监督等弊政——在富弼看来，就算是天皇老子，也绝不能骑在人民群众头上拉屎撒尿，也不能一句话顶一万句任何时候都说一不二。言下之意，天子，也得有所敬畏，臣子们也有权利有义务对他进行有效监督和权力限制。

中国封建王朝的文官制度实际上就是这么运行的。皇帝如果做错了事，文武百官也是可以竭力劝谏。劝谏是爱，是要阻止他堕落，是拉他回到为国为民谋福利的正确道路上来。

秦始皇搞中央集权，设“三公九卿”，其中三公之一“御史大夫”，名义上就是可以对大秦帝国的中央政治局实施监督，也包括对皇宫内大大小小的事儿负责，甚至可以弹劾皇帝。之所以说名义上，是秦始皇在嘴巴上做出这样的民主安排，至于给不给御史大夫实权，那是另一回事。自古，中国的皇帝都是说话比唱歌还好听。嘴里大力提倡广大人民群众，当然主要是满朝文武，一定要监督自己。而人家刚张嘴巴，若唱的不是赞歌，随时可能掉脑袋。当然，也有例外，比如魏征就爱对唐太宗李世民指手画脚，偶尔骂脏话都有可能。唐太宗是千古明君，肚量大，始终没杀魏征，连小鞋都没给魏征穿过。据说偶尔不高兴，也不过背后当着皇后的面用不干不净的话去问候魏征的祖宗，而皇后总是吹几句耳边风就让李世民息怒了。

2

如果臣民们没胆对皇帝指手画脚进行有效监督呢，那么，就只能拜托“天地”了。

《礼记·中庸》曰：“国家将兴，必有祯祥；国家将亡，必有妖孽。”话说到这份儿上，你怕不怕。这里面一方面蕴涵“天人合一”的思想，另一方面，也等于明说天地充当了监督者的身份。你胡天胡地瞎折腾，上苍就会提前出现异象予以警示。在历史古籍里，当真有天边出线彗星、大地震动（地震），糊涂皇帝赶紧悬崖勒马的无厘头记录。为表示对上天的敬畏，中国历朝皇帝都不得不盛装全民公演泰山封禅或天坛祭祀，名义上当然会有为全民祈福的主题，骨子里不过是祈求上天保自己江山永固。皇帝敬畏上天，老板姓呢，更甚。自古以来，儒家弟子们就一再死记硬背孔子的话："君子有三畏：畏天命，畏大人，畏圣人之言。"

孔圣人强调"三畏"，朱熹在批注《礼记·中庸》时，也旗帜鲜明宣布："君子之心常存敬畏。"显然，朱熹紧跟孔子路线，认定做人必须要有敬畏。何止三畏哉，是全方位敬畏。我疑心朱熹所言是从孟子的话发展而来的，孟子早就说过，"恭敬之心，人皆有之。"

放到今天的社会现实，恭敬之心，未必人皆有之。张狂和浮躁之心，倒是似乎大多数人总会挨点边。但古时，恭敬之心好似与生俱来。看古时候大人物的画像，比如老子、孔子，都是双手微拢，倾身收腹，颔首，一副典型的谦恭标准相。

敬畏，要一分为二：敬，畏。

敬，恭敬、敬重的意思。

畏，并非单方面一味地畏惧害怕，更多的，应该是谦虚谨慎、谦卑内敛、无条件服从。浓缩成一个词，大致相当于儒家子弟兵们好好学习天天追求的高尚情操："慎独"。

古语曰："在貌为恭，在心为敬。"《礼记·大学》进一步发挥，说："诚于中，形于外，故君子必慎其独也。"内心心怀敬重，肢体上理所当然表现出谦恭、端正的低姿态。保持一颗敬畏之心，行为举止待人处事就会自觉自律地做到有礼有节。最终自然而然就抵达“慎独”美德。可以说，心怀敬畏才可抵达慎独，同时，人有慎独的品行，就一定心怀敬畏。

古人所敬畏的，首先莫过于“天地”和“鬼神”，接着是天子君王，继而是父母双亲，接着是师长——旧时，中国人的厅堂里，必定在墙上高挂“天地君亲师”的神位牌，逢年过节必定要摆上供品，上香磕头敬拜。

儿时看连环画，有个故事。张三给李四送礼，李四不收。张三说，“现在是月黑风高夜，别人看不见，不会有人知道的，你怕什么呢？收了吧。”李四正色道：“天知地知，你知我知，怎么说没人知道呢？”

这与“若要人不知，除非己莫为”所警示的道理是一样的。

后来得知故事由《后汉书·杨震列传》改编而来。杨震举荐王密当官，王密夜揣黄金去答谢，杨震拒绝……杨震的原话如下：“天知，神知，我知，子知。何谓无知！”我想，杨震嘴里的“神”，指地上的神灵。故而，后人就说“天知地知”了。

有没有纪委的人盯着，有没有狗崽队员举着相机时刻准备偷拍，我都一个样地保持着不贪不腐的品行。这就是杨震的高尚品格。

3

古人眼中最初的“天地”，是具体的物质存在。

天，有点类似于基督教的“上帝”，创造了一切，掌控着一切，主宰着人的命运。所以孔子说要尊“天命”，敬畏“天命”。天命，最初就指上天所赋予的命运。如《尚书·商书·盘庚上》曰：“先王有服，恪谨天命。”

而地呢，则更丰富。不只是有野蛮生长的看得见摸得着的万物生灵，还有看不见摸不着的“鬼神”。中国人眼中的鬼神，神通广大，同样左右着人的命运。

《礼记·孔子闲居》里，孔子说：“天无私覆，地无私载，日月无私照，奉斯三者以劳天下，此之谓‘三无私’。”挺好奇，因为《圣经》里也有类似说法，上帝把阳光雨露无私地奉献给普天之下的人，给好人，也给歹人，一视同仁地普照、普施恩惠。

说到鬼神，在《礼记》里，鬼神与神性的天地是并列的。孔子同时赞美“天地无私”，而成语“鬼斧神工”就可看出，鬼与神，平起平坐，一碗水端平。

《礼记·仲尼燕居》曰：“鬼神得其飨，丧纪得其哀。”孔颖达解释：“鬼神得其飨者，谓天神人鬼各得其飨食也。”意思是，鬼，乃人鬼。神，则是天神。天神在天，人鬼于地。《礼记·中庸》里借孔子的话高度赞美了鬼神："鬼神之为德，其盛矣乎！视之而弗见，听之而弗闻，体物而不可遗。使天下之人，齐明盛服以承祭祀。洋洋乎如在其上，如在其左右。"

意思是，鬼神的德行啊，大得很哪。想看看它模样又不能见，想听它声音又听不到，但它藏于万物中又无处不在。普天之下的人，斋戒的时候都必定会洗浴干净，穿上最华美的衣服，诚心诚意去奉承祭祀。态度端庄，仪式辉煌大度（不可谓不敬）。鬼神如同时刻在你头上三尺环绕，也像时刻围绕在你身边。世人言"举头三尺有神灵"大概也就这个意思吧。

要说孔子这人，早年敬畏鬼神，但对命运，最初未必全然服从。他带着弟子周游列国，自然是希望建功立业。只可惜最大的官，也不过当到鲁国的"司法部长"。满世界跑一圈后，发现没君王真正赏识自己，不得不放弃当政治家的伟大梦想，只好回家当教育家。他大发感慨"五十而知天命"，等于是无奈地与命运握手言和：果然天命不可违，好吧，我不折腾了。从此走下政坛，立地成儒。

随着时代的发展，"天命"不再仅指上天赋予的命运趋势，同时，既指自然规律，又指万事万物发展的本质规律。

水往低处流，是不是天命？是。

春天里，百花开，是不是天命？是。

犬守夜，鸡司晨；蚕吐丝，蜂酿蜜，是不是天命？是。

稚子吮奶，古稀拄杖，是不是天命？是。

春耕秋收冬藏，是不是天命？是。

……

你非得否认天命，反天道而行，终归要栽大跟头。

并不遥远的上世纪，不顾一切“与天斗，与地斗”，说起来豪气冲天，但与“自然科学”对着干，最终吃尽苦头，不得不回到正确的科学规律上来。

开垦草原造良田种植水稻，毁林耕种，围海造田……无一不以失败告终。最好笑的是，苏联的赫鲁晓夫非得强行要在西伯利亚种植玉米，说是一旦整个西伯利亚成为无边无际的玉米种植基地，那么产出的玉米就足以让全人类免于饥饿了。理想丰满，现实骨瘦如柴——西伯利亚光照不足，玉米干瘪不结籽儿。上苍是仁爱的，大自然是仁慈的，但就算身为苏联一把手，赫鲁晓夫先生用无产阶级大无畏精神充分武装自己，全身上下都是胆，只要违背自然规律乱来，大自然就会毫不客气给他点颜色瞧瞧。西伯利亚种玉米，后来成为国际玩笑，整个苏联跟着蒙羞。可悲的是，当时苏联的科学家成堆，稍懂自然科学的专家都清楚，整个西伯利亚种植玉米会大获丰收是天方夜谭。可科学家们在极权的大棒下集体噤声，甚而有人大肆吹捧赫鲁晓夫的玉米论，可谓为制造国际笑话让自己的祖国出洋相添砖加瓦。

4

更进一步，天命还指人们根据自身所处位置，必须承担的权利和义务，简单说，可称为“天职”。

古时候的皇帝自称“代行天职”。那么皇帝的“天命”就是治国平天下。

教师的天职是什么？是传播知识，教书育人。

军人的天职是什么？是保家卫国。

文官的天职是什么？借一句流行于官场的“口头禅”，那就是“为人民服务”。

……各行各业，各就其位，各司其职。

职，有职能、职权的意思，而最重要的，却是明明白白的，专指不可推卸的职责。职能、职权、职责如何确立呢，那就要靠白纸黑字的法律法规了。所以，归根到底，对自己职责心存敬畏，其实质是对法律法规条例的无条件敬畏。

前人有句老话："不在其位，不谋其职。"位与职，是相应关系。反过来讲，你在其位，该干的活儿你不干，那就不如趁早主动离岗去职。七品芝麻官唱道："当官不为民做主，不如回家卖红薯。"

中国大刀阔斧雷厉风行反贪腐，一时间，上至国级部级厅级，下至自然村的村民委员会主任，让国人触目惊心难以置信的贪腐行径纷纷曝光。为何会这样？就因为太多在位者毫无敬畏之心，把国家法律法规不放在眼里，以权谋私为所欲为——于是，算总账那天迟早来到。一朝下狱，痛悔莫及。有首劝为官之人的打油诗写得好："公门里面好修行，半夜敲门心不惊。善恶到头终有报，举头三尺有神明。"

5

"天命"之后，应该敬畏的，那就是孔子说的"大人"了。

大人并非只是指血亲中的父母等长辈，更不单指古装电影电视剧里开口闭口称为"大人"的有权有势的官老爷。

长辈、领导固然可以尊称为"大人"，学识渊博或才干超群或道德高尚的人，哪怕比你年轻，亦足以称"大人”。对这一类“大人”，更应该心存敬畏，敬仰他们，佩服他们，学习他们。看古装剧，戏中人双手作揖，说：“在下不才，唯某某马首是瞻”，就是对某某心存敬畏，甚至甘愿为其“门下走狗”。

郑板桥敬畏明代书画家徐渭（号青藤），所以自刻一闲印，刻“青藤门下走狗”字样。后世的齐白石，更是对徐渭佩服得五体投地，写诗曰：“青藤八大远凡胎，缶老衰年别有才。我愿九泉为走狗，三家门下转轮来。”

对杰出人物的敬畏尊重，并非无原则地拍马屁，更非作践自己为对方做牛做马，更多的是敬重之心。

孔夫子的第三畏，“畏圣人之言”。

孔子自己是圣人，是不是号召后人对自己的语录时刻饱含敬畏呢？

非也，圣人之言，是指先哲们的思想。从古至今，所有富含超凡智慧、焕发耀眼光芒的文化和思想，都可以统称为“圣人之言”。

讲个故事，因自己确实才华无敌的李白，一贯以来目空一切，很难把别人放在眼里。李白有个爱好，每到一地，必留诗词表明“李白到此一游”。但他游武汉黄鹤楼，看到人家崔颢崔大哥在墙壁上题写的诗，“昔人已乘黄鹤去，此地空余黄鹤楼。黄鹤一去不复返，白云千载空悠悠。晴川历历汉阳树，芳草萋萋鹦鹉洲。日暮乡关何处是？烟波江上使人愁。”他立马心悦诚服，头回谦虚谨慎，不敢举笔，小心翼翼表态：“眼前有景道不得，崔颢题诗在上头。”

在整个大唐诗坛，李白肯定是坐第一把交椅的，崔颢的“排名”不知要落后多少个段位。但李白对崔颢无疑是心存无限敬畏，因为《黄鹤楼》确实写得太出色了。

曾国藩说：“心存敬畏，方能行有所止。”

有一颗敬畏之心，做事才会有所节制，懂得适可而止。反过来，无敬畏之心，政客们会颠倒黑白愚弄人民，商人会为了私欲而疯狂制假卖假，文人在权贵面前奴颜媚骨歌功颂德……

《菜根谭》说：“自天子以至于庶人，未有无所畏惧而不亡者也。上畏天，下畏民，畏言官于一时，畏史官于后世。”《呻吟语》也云：“畏则不敢肆而德以成，无畏则从其所欲而及于祸。”

时刻心存敬畏，才会养成慎独习惯。永远知方圆、守规矩，踏踏实实做事，干干净净做人。

第三辑　安定辞

莫问芳龄莫问财

1

2006 年我来澳大利亚，出发前，做的一件事是，上网 Baidu 外国的“俗”。那时候中国还有 Google 的一片天空，我怕百度不全面，又谷歌了一番。我所搜索的“俗”，非俗气的俗，而是入乡随俗的俗。

《礼记·曲礼》曰：“入竟而问禁，入国而问俗，入门而问讳。”正有此意。

头回出国，对异国他乡的民俗风情一无所知，万一闹了尴尬，我个人丢脸也就算了，恐怕还会被异国他乡的人背后指点“中国人真没修养”，那可就不好了。

记得很清楚，网上谈及西方国家的社交禁忌，第一条赫然就是：西方人忌讳被别人问及年龄，特别是中年妇女。

仿佛才眨巴几下眼皮，到澳大利亚竟已十年。都是十年，大唐的贾岛十年磨一剑，然后提着“霜刃未曾试”的寒光闪闪的剑，到处“显摆”。他大声吆喝，谁有冤屈不平的事啊，有的话，你也不用四处找人替你申冤了。干脆把活派给我，我给你直接摆平。咔嚓，正好借此机会试试宝剑锋刃。当然喽，贾岛同志并非真想当梁山好汉干一番惊天动地的大事业，他不过是想寻觅伯乐。他急于盼望有机会施展自己的才华，最主要是想展示给识货的皇帝瞧瞧，从而谋得一官半职。贾岛满肚子的豪情壮志，跃然纸上。我的十年呢，差太远，没磨剑，专门和老外磨嘴皮子了。鹦鹉学舌，跟着人家吞吐 ABC 呢。

学 English 磨嘴皮子也有好处，就是明白了一个事理：澳洲人，哪里仅仅只忌讳人家打听年龄呢。工作收入、家产几何、家庭成员、婚姻状况、吃喝爱好、具体细致的家庭地址……通通属于忌讳，不宜探问。除非要核查你的纳税情况，或者你万一失业要确定失业补贴金多少，才会要求你明明白白填写以上内容。私人交往，就不宜刺探情报了。因为上述列举内容，统统属于隐私。

2

隐私权，是外国人一项神圣不可侵犯的权利。中国社会好像很缺乏“隐私权”这一说，但几千年前的《礼记》里，居然有保护隐私的条款。

“不窥密。”“不道旧故。”不要窥探别人的秘密；就算你知道人家一些不宜公之于众的老底，也不可到处宣扬。这是《礼记·少仪》里对我们的基本要求。

除此之外，《礼记》也坚决反对挖空心思去琢磨人家有多少家产。

《礼记·少仪》明文规定：“不疑在躬，不度民械，不愿于大家，不訾重器。”

字面解释如下：言谈举止不可迟疑不决，不要动辄去估算别人家有多少器物，不要羡慕富贵人家，更不要瞎猜人家有多少贵重物品。往明白处说，就是不要眼巴巴盯着别人家财产的多寡。道理明摆着，别人家有多少资产，纯属隐私，说句话俗理不俗的话，那就是，关你屁事啊。

而今每年少不了有富豪排行榜。土豪们家藏多少银两，白纸黑字公示天下。这显然有违于《礼记》里的“不度民械”和“不訾重器”。

《礼记·少仪》竟然同样有探问年龄的忌讳：“尊长于己愈等，不敢问其年。”比起西方国家忌讳询问妇女的年龄，中国古人是劝人不要好奇长辈的年龄。如果张嘴问老人家的年庚，乃不敬，非礼也。

为何中国古人不把询问女同胞的芳龄也当忌讳呢？我私下琢磨，古时候大户人家的女子藏在深闺，不用朝九晚五去上班，不用烈日炎炎头顶“半边天”的高帽子去田地抓革命促生产，窝在闺房里做女红才是她们的本职工作。如此一来，根本就没多少机会抛头露面。

像蔡文姬、李清照、上官婉儿、卓文君等素面朝天在男人世界里亮相的绝世才女，还有类似于花木兰、樊梨花、穆桂英、秦良玉这类俗称“女汉子”直接江湖打滚的巾帼英雄，古代中国自然也有，但万里挑一。妇女能顶半边天是后世的口号。既然古代女子都“深藏不露”，当面被人问芳龄的机会就少之又少，《礼记》也就懒得操这份闲心了。

有种情况比较特殊。那就是，若你想当月老，一门心思给人家的闺女牵线搭桥，口口声声称要给人家介绍一户好人家，那么向女方打听芳龄纯属工作需要。

在我的故乡，问老人年龄倒是平常事。

我母亲一般会这般提问：“请问您老高寿?”答：“八十有三啦。”

也有人询问我父亲：“老蔡你哪年的?”我父亲答：“二十五年的，八十啦。”我父亲生于公元1936年，可是他更喜欢说“民国”二十五年。

我故乡的老人，几乎都有这样的习惯，把旧时的“民国某年”之类挂嘴边。我在《在乡村行走》那本书里，就曾特意书写南方农村的老一辈，习惯于自称出生于“光绪多少年”“宣统几年”“民国某年”，以此来回答我对他们年龄的探问。比如我祖母，就生于宣统年间。我故乡的人，不分老少，对年龄毫无禁忌。问的人不会迟疑不决，答的人不会以此为忌。越是年长者，越以自己的高寿为骄傲。健康就是福，高寿确实值得自豪。

3

《礼记》明白无误告诫我们，打听长辈的年龄是禁忌。可是，万一在古代有人偏偏不懂规矩，不分青红皂白就问人家岁数咋办？别慌，《礼记》里有对策，见招拆招。

《礼记·少仪》：问国君之子长幼，长，则曰“能从社稷之事矣"；幼，则曰"能御""未能御"。问大夫之子长幼，长，则曰"能从乐人之事矣"；幼，则曰"能正于乐人""未能正于乐人"。问士之子长幼，长，则曰"能耕矣"；幼，则曰"能负薪""未能负薪"。

我们用今天的话来消化一下这段文言文。

询问国君的儿子年龄，如国君儿子已经长大，就回答说："他已经能够参政议政了。"如果还没长大，就回答说："已能够干些小杂活了，比如能驾车了（主要指与政事无关的具体事情）。"也可以答："还小，还没到足以驾车的年龄。"

问大夫的儿子年龄，如果大夫的儿子已经长大。就答："他已经大学毕业了。"如果尚未长大，就回答说："他正在大学就读呢。"或答曰："他还没有跨进大学校门呢。"

问士的儿子年龄，如果他已经长大，就回答说："他会耕地了。"如果尚未长大，就回答说："他能背柴火了。"或"哦，他现在还背不动柴火呢。"

好玩吧。仔细玩味这些问答，笑意会不由自主浮上嘴角。《礼记》这是公然传授"耍太极"的语言技巧啊——既然打听人家年龄是不礼貌的行为，但既然有人问了，不能勃然大怒指斥人家没教养啊，又不能无可奈何不情不愿如实坦白交代。那么，耍太极，轻松自如不着痕迹地偏移点方向。

《礼记·曲礼》也有大致相仿的内容。

问天子之年，对曰："闻之，始服衣若干尺矣。"问国君之年，长，曰"能从宗庙、社稷之事矣"；幼，曰"未能从宗庙、社稷之事也"。问大夫之子，长，曰"能御矣"；幼，曰"未能御也"。问士之子，长，曰"能典谒矣"；幼，曰"未能典谒也"。问庶人之子，长，曰"能负薪矣"；幼，曰"未能负薪也"。

如果有人打听皇帝老子的年龄，可以答复称："听说他穿某个尺寸的衣服了。"问诸侯国国君的年龄，如果国君年长了，就答："已经可以主持宗庙和国家的大事了。"如果国君尚未年长，就答："还不能主持宗庙和国家政事。"问大夫的孩子的年龄，若孩子已年长，答："已经可以驾车了。"还不成年，就答："还不能驾车。"问士的儿子多大了，若已长大，答："能接待宾客了。"如果孩子未成年，答："还不能接待宾客。"问庶民的孩子多大，如果已成人，答："可以背柴了。"未成年，就答："还背不动柴。"

拿《礼记·少仪》和《礼记·曲礼》关于探问年龄的文字比较，会发现，面目相仿，实则有大不同，里面内容竟有"乱纲常"的嫌疑。

比如“能御未能御”在《礼记·少仪》用于回答国君之子年龄，而《礼记·曲礼》里却用于作答大夫儿子年龄；背不背得动柴，《礼记·少仪》用于答复“士之子”，而《礼记·曲礼》却用来指代庶民之子的长幼……可见《礼记》之编撰，如我本书中几番抱怨的，当真有些乱。

古时等级分明，阶级迥然有别。天子、诸侯王、大夫、士、庶人，分属不同等级，是绝对乱不得的。就说士和庶吧，虽然都处于社会下层，但士毕竟还算知识分子，而庶呢，我们可以称他们为街巷大叔大嫂或农村大爷大娘。

由此，我斗胆说，西汉戴圣编撰《礼记》，虽瑕不掩瑜，但仅凭《礼记·少仪》和《礼记·曲礼》里把天子、诸侯王、大夫、士、庶人的等级偶尔乱套一番，严格地说，有“不知礼”之嫌疑也。按古时法律，如果要抓他小辫子，仅凭此罪，亦可问斩了。

且不管戴圣是不是一个合格的图书编辑，回头瞧《礼记》要太极式的答题法吧。

无论《礼记·少仪》还是《礼记·曲礼》，涉及回答年龄，都是不直截了当回答具体年岁，而是用笼统模糊的概念来作答。这等于间接维护了“不可问其年”的礼法规矩。

4

曾读过一篇论文，遗憾忘记文章名和作者名了。大意是，《礼记》里答复关乎长幼的询问，一概没具体年龄，乃因古时最初没有户籍制，所以人们根本不在乎自己的具体年龄，也根本不清楚自己的出生年月日……中国独有的"虚岁"即由此而来。多说一句，东亚国家实际也有"虚岁"，不过都来源于中国习俗。

该论文中的研究所得，读《礼记》后，我深表怀疑。

中国商朝开始实行人口登记制度，当时确实主要是登记人头，以便于抓壮丁，也就是战时为了补充兵员临时抽丁。《尚书》里的"惟殷先人有册有典"就是说那时候的人口登记。当时确实没把年龄纳入"账本"。

周朝时，户籍制度有了雏形。据《周礼》记载："司民掌登万民之数。自生齿以上，皆书于版。辩其国中，与其都鄙，及其郊野，异其男女，岁登下其死生。及三年，大比，以万民之数诏司寇。司寇及孟冬祀司民之日，献其数于王，王拜受之，登于天府。"该时"生齿以上，皆书于版"，当时编撰户籍册，势必为了民众徭役、征税和兵役等，牙齿都没出来的稚童，派不上大用场，也就忽略不计了。这时候，户籍登记依旧没把人们的年龄当回事。

秦始皇统一中国后，做了不少开天辟地的大事，建立严格的科学的户籍管理制度即其一。公元前231年，即秦始皇十六年，当时尚未统一全国，秦国即下令，户籍册上，“男子不论成丁与否”，一律登记年龄。从此，中国延续几千年的户籍管理制度，都师从秦始皇，性别、年龄……条目登记得一清二楚。目的明确，大国子民，既入户籍册，就得服徭役兵役还有缴纳苛捐杂税。至于根不根据户籍册发真金白银的福利金，好像没有。

《礼记》乃先秦儒家之书，彼时，中国的户籍制度确实还没出台，人口登记本上当真没把人们的年龄当回事。但，是不是就可下结论，人民群众把自己的年龄看作浮云，完全不清楚自己的岁数呢？

非也。

就在《礼记·曲礼》里，有这么一段内容：“人生十年曰幼，学；二十曰弱，冠；三十曰壮，有室；四十曰强，而仕；五十曰艾，服官政；六十曰耆，指使；七十曰老，而传；八十、九十曰耄；七年曰悼。悼与耄，虽有罪，不加刑焉。百年曰期，颐。”

这就是说，男子长到十岁叫作幼，这时候该上学了；二十岁叫作弱，这时候就该头上加冠；三十岁叫作壮，这时候就该娶妻生子；四十岁叫作强，这时候可以去追求仕途；五十岁叫作艾，这时候就该参政议政；六十岁叫作耆，这时就可以役使他人；七十岁叫老，这时候就该把家事交给儿孙掌管，自己当甩手老板；八九十岁的人叫作耄，七岁的孩子叫作悼。被称为耄与悼的老人和幼儿，即使有罪，也不对他们判刑。百岁老人叫作期，儿孙后代要尽心赡养。

这里面的数字，十、二十、三十、四十、五十……应该都不是虚数吧，如果非得牵强地咬定这些整数是虚数，那么“七岁的孩子叫作悼”做何解释？七岁，铁板钉钉，何其具体。

所以，即便古人未必把自己的出生年月日记得明明白白，自己究竟多大了，应该还是记得牢的。也就是说，《礼记》里回答年龄的模糊回答，不是不知，更可能是避忌而已。

5

不仅年龄，问及财富，《礼记》照样“耍太极”。

《礼记·曲礼》：问国君之富，数地以对，山泽之所出。问大夫之富，曰“有宰食力，祭器、衣服不假”。问士之富，以车数对。问庶人之富，数畜以对。

问国君财富几何，就拿出国土大小，以及山河的出产来作答。问大夫的财富，回答是:“他有地可收租，祭奠时不用向人家借祭器和衣服。”问士的财富，就回答说有多少辆车。问庶人财富，就用他们家有多少头牲畜来作答。

今天形容某人属于顶级土豪时的口吻可算与古人同步了。“老王头啊，他有两台劳斯莱斯幻影、三台法拉利呢。”不过，更普遍的是，富豪榜上，赤裸裸写明首富二富三富有多少钱财。

相比如今靠干巴巴的数字表现财富，我更喜欢《礼记》里“我家一共有三头牛两头大肥猪还有一条狗十二只母鸡一只公鸡”的表达方式。并非《礼记》的说法深具文艺腔，冷冰冰的阿拉伯数字于我而言毫无生命力，而蹦跳的语言更生动有趣。

所以，不具体干脆地回答别人关于年龄和财富的问题，除了要符合古礼的缘故，也许，还有一种可能，是《礼记》倡导我们追求“语言美”——至于如何达到语言美的要求，请参阅下文《有话好好说》。

有话好好说

1

朋友聊天，检讨自己不会说话。

话说有天晚上喝了点酒，朋友的胆子壮。他自称犯糊涂，居然去规劝来客：“某某全家辛辛苦苦，高高兴兴，开车去你家看生病的老人家。结果却被你好一番长篇大论的教训，惹满肚子不开心，几天都没缓过劲来，还打电话来向我倒苦水。某某好心去看望你母亲，却被你整一番……你呀，干吗次次如此？你自己稍有不顺意，就非得要让别人向你看齐，同样不舒畅，为何非要闹腾得别人超越你，更加心情败坏呢？”

本来眼前和谐，至少是夜凉如水月白风清。朋友的话刚出口，陡然间风云突变，客人恼怒，反过来上课，传授自己坚持了半辈子的宝贵经验：“你管别人干吗？别人开不开心关你什么事，你只要自己开心就行了。”

朋友嘴里的“来客”是他的亲戚。他俩，我都熟。他们实际属于话不投机半句多那种亲戚。我笑嘻嘻奚落朋友：“你惨了，就凭你这次想给他上课，你这亲戚这辈子都会记恨你，恐怕从此老死不相往来。”

朋友笑道：“懂的。对他，我可比你了解更深。”顿顿，又说，“连我妻子后来都教育我，说我明知对方是什么人，为何偏偏拣对方最记恨的事来做。呵呵，其实不用他明讲只要自己开心就行的话，我哪能看不出呢，他确实一直奉行只求自己得到满足的原则……但是，有人上门去看望患癌症的母亲，老人的儿女应心怀感激和欢喜，怎能胡乱找借口训客人一顿呢？我也有错，我一时误判，以为酒后，几十年的亲戚可敞开心扉，能说点正经事，结果失言。”朋友打哈哈，最后总结道，“喝酒坏事，果然没错。”

喝酒坏事，没错。但朋友和亲戚翻脸，不能怪酒。

古语曰：“大喜易失言。”高兴得忘乎所以，说话难免出错。然而，规劝人家懂礼、知礼，非失言也。

《礼记·缁衣》里有这么一句话：“子曰：唯君子能好其正，小人毒其正。故君子之朋友有乡，其恶有方。是故迩者不惑，而远者不疑也。《诗》云：君子好仇。”

孔夫子把话说得再浅白不过了。如果是道德高尚的君子，就会喜欢指正自己的人。如果是修养低劣的小人呢，就会当场翻脸，别人给自己指出缺点，他会怀恨在心。

不过，有一说一，我那朋友自己确有不妥。别以为酒后吐真言，就能信马由缰，想说啥就说啥，想怎么说就怎么说。话，要说漂亮点，应该“看人下菜碟”。对非君子的小人，采取赤裸裸的批评，类似于对牛弹琴，很可能还会起反作用，让人家仇视你，对你怀恨在心。搞不好，还会打击报复你。

2

话要好好说，太重要。

《礼记·冠义》曰：“凡人之所以为人者，礼义也。礼义之始，在于正容体，齐颜色，顺辞令。容体正，颜色齐，辞令顺，而后礼义备。”

意思是，人之所以成为人，在于具备礼义。礼义的开始，在于使容貌体态端正，举止得体，态度谦和，言谈恭敬和顺。只有做到这些，才称得上礼义齐备。

由上可知，“容貌（主要指人的穿着妆容打扮，干脆说成外在气质也无妨）、行为、言谈”三者平起平坐，三方面都做得完美，才算得上礼义齐备。也就是说，语言美，颜值高，行为美，具备同等的重要性。

借我母亲的话来说，“话要说得乖巧。”

犹记小时候在农村，家家户户日子穷，愁吃愁穿，烦恼事情自然多，矛盾也多。两户人家闹是非，多事妇人当先锋，以口舌当武器冲锋陷阵。至于挽起袖子厮打，那属于口舌分不出输赢，武力才被迫登场。

每逢这样的阵势，母亲是格外严厉的，呵斥看热闹的我们姐弟："回屋去，关门，安心做你们家庭作业去。"

关上门又能怎样，外面正举办口舌竞技比赛，用唾沫星子当武器，嗓门一个压过另一个，声音总会源源不断从门缝里窗缝里挤进屋子来。也是好事，等我长大写作，故事里写到泼妇吵架，有些话就能信手拈来。

那是童年记忆。记得当年啊，我母亲会脸红，好似那些从俩唾沫横飞的村妇嘴里蹦出来的话，属于她的原创语言。事实上，她是听了觉得害臊，替人家脸红羞愧。

骂架的话，要多脏有多脏，要多丑有多丑，要多毒有多毒，而且，往往针对性强，精、狠、准。就算对手是头牛，都能够被骂死。我这么说，自然是夸张了。对牛弹琴，不管钢琴胡琴还是扬琴，牛都懒得理，你骂它，就算骂一万年骂一火车皮歹毒话，牛当然会死，迟早的事，寿限到了嘛，与泼妇的"口才"无关。

《礼记·少仪》曰："言语之美，穆穆皇皇。"意思是，把话说得漂亮点，要温和恭敬，符合正道。此处的"正道”，等于人所共识的道理。你非得一个人强词夺理，说你一个人的标准才是“正道”，那就等着当孤家寡人吧。

“言语之美，穆穆皇皇。”这话《荀子·大略》中也有。荀子也同样公开提倡语言美。

《礼记·曲礼》说：“行修言道，礼之质也。”礼的本质，不外乎行为有修养，言谈符合道理——也就是，符合道理，是言谈的基本要求。瞎说胡说、恶言恶语，自然属于不符合道理。

《礼记·表记》里孔子说：“情欲信，辞欲巧。”借语文老师的话来翻译古文，就是感情要真挚，言辞要美好。

3

如何才能把话说得“穆穆皇皇”？如何做到“情欲信，辞欲巧”？《礼记》对此可谓下足了功夫。

第一，务求“不失口于人”。

“不失口于人”这话出自《礼记·表记》。意思是说话要谨慎，应考虑听者的感受，不要出口伤人，不要说错话和说不该说的话。

在我故乡，有句俗话：“没有口德的人，没福分。”没口德，就是张嘴即伤人。

动辄因口舌伤害他人，人人皆会敬而远之。无人亲近的人，福分岂不远离！

另一句俗语说:“良言一句三冬暖，恶语伤人六月寒。”善意关怀，真诚规劝，哪怕只一句，即便三九寒冬，都能让人心生暖意。恶毒谩骂，肆意诋毁，中伤他人的话语，对人心灵的伤害和戕害，就算你仅仅说了一句，在酷暑炎热的六月，都足以让人心生寒意。

《荀子》里也有如下语句，意思一样。“与人善言，暖于布帛；伤人之言，深于矛戟。”

而用我母亲的话来讲，也可以是“说话要注意分寸，歹毒话千万不能说。”何谓“分寸”，母亲没详说，只能靠自己琢磨了。

第二，孔夫子在《礼记》里强调，要“言必先信”，诚信至上。

《礼记·儒行》曰：“言必先信，行必中正。”又有：“言加信，行加义。”开口说话，首先就要讲究诚信，说到做到。嘴上讲信用为首，行为上则要讲究道义。

在我身边，言而无信的人就常遇上。但借钱不还，竟然还不算过分。居然有人好话说一堆，从我手中借数万元，后来竟不认账。厚颜狡辩说那不是借，是我理应赠送给他家父母的孝敬钱，只能让人瞠目结舌，无言以对。难怪《论语》这么下结论：“人而无信，不知其可也。”一个人说话不守信用，他的人格、道德就没什么可以值得肯定的了。

整部《礼记》，关乎“信”的语句，多如牛毛。请容许我随意拣选几处《礼记》上的“信”陈列如下。

“约信曰‘誓’，莅牲曰‘盟’。”语见《礼记·曲礼》。

“天子以德为车，以乐为御，诸侯以礼相与，大夫以法相序，士以信相考，百姓以睦相守。”语见《礼记·礼运》。

“大道之行也……讲信修睦。”语见《礼记·礼运》。

“大夫执圭而使，所以申信也。”语见《礼记·郊特牲》。

“大信不约。”语见《礼记·学记》。

“著诚去伪，礼之经也。”语见《礼记·乐记》。

“君子不失足于人，不失色于人，不失口于人。是故君子貌足畏也，色足惮也，言足信也。”语见《礼记·表记》。

“礼以节之，信以结之，容貌以文之，衣服以移之，朋友以极之，欲民之有壹也。”语见《礼记·表记》。

“是故君子恭俭以求役仁，信让以求役礼。”语见《礼记·表记》。

“下之事上也，身不正，言不信，则义不壹，行无类也。”语见《礼记·缁衣》。

“君子寡言而行，以成其信。”语见《礼记·缁衣》。

“溥溥如天，渊泉如渊。见而民莫不敬，言而民莫不信，行而民莫不说。”语见《礼记·中庸》。

“诚者不勉而中，不思而得，从容中道，圣人也。诚之者，择善而固执之者也。”语见《礼记·中庸》。

“自诚明，谓之性；自明诚，谓之教。诚则明矣，明则诚矣。唯天下至诚，为能尽其性。”语见《礼记·中庸》。

“诚则形，形则著，著则明，明则动，动则变，变则化，唯天下至诚为能化。”语见《礼记·中庸》。

“至诚之道，可以前知……诚者自成也，而道自道也。诚者物之终始，不诚无物。是故君子诚之为贵。诚者非自成己而已也。”语见《礼记·中庸》。

“儒有居处齐难，其坐起恭敬，言必先信，行必中正，道途不争险易之利，冬夏不争阴阳之和，爱其死以有待也。养其身以有为也。其备豫有如此者。”语见《礼记·儒行》。

“儒有不宝金玉，而忠信以为宝。”语见《礼记·儒行》。

“儒有忠信以为甲胄。”语见《礼记·儒行》。

“孔子至舍，哀公馆之，闻此言也，言加信，行加义，‘终没吾世，不敢以儒为戏’。”语见《礼记·儒行》。

“君子有大道，必忠信以得之。”语见《礼记·大学》。

以上一堆“信”，有的未必是口头上的信。不仅仅是言语上要追求诚信，品行上更要追求忠信。

第三，追求语言美，重在“不尚辞”，要言之有物。

《礼记·缁衣》云：“言有物而行有格也，是以生则不可夺志，死则不可夺名。”

简单翻译一下，就是：说话，要言之有物，有事实有依据。空口乱讲，谁信？而为人处世的行为呢，则要遵照法规法则，有规有矩，乱来肯定行不通。做到这些，活在人世间，就能保证其坚定不移的志向，死后其美名也断然不会受影响。

言之有物，此“物”指不可空洞，不可无病呻吟；也指不要随意胡说八道，别夸夸其谈。

《礼记·表记》里，孔子说了这么一番话：“事君不下达，不尚辞，非其人弗自。”其中的“不尚辞”就是指不要夸夸其谈，吹牛皮。

举个真实例子吧。有人曾亲口对我描叙他的“美好计划”：他准备把其中一套房子卖了，给生活比较困顿的姨妈每个月一千元当生活费，直到其去世；另外替自己刚买房不久的亲哥哥付清房屋贷款。

这个爱心计划太宏大，伟大，远大。坦白说，如此无私的博爱，我做不到。

因我做不到，当然更因为我对发言人的为人相当了解，故，当其话入我耳，我即心生质疑。但心生疑，我却没张嘴质疑，更没当场表扬他道德高尚。我若出语质疑，则有将他一军，激他去完成使命的嫌疑。与《礼记》倡导的“穆穆皇皇”差之千里。

没赞美他，则因太了解他。别的不说吧，只说他有借钱不还的习惯，包括借我两个亲人的钱至今没归还。一个借钱十年都不归还最后干脆抵赖的人，怎会无私拿自己的钱，不切实际去送温暖献爱心？

后，果然，他不过“尚辞”，夸夸其谈而已，并未去实施描绘得太堂皇而美丽的计划。

《礼记·缁衣》，子曰:“故大人不倡游言：可言也不可行，君子弗言也。”就是说，在上位的人，不要说浮而不实的话。说起来容易却做不到的事，君子不会说出口。孔子曰：“言从而行之。”意思是，说后，紧接着要去做。《礼记·缁衣》进一步提醒，“故言必虑其所终”，强调说话必须考虑后果。

更可怕的是，“口惠而实不至，怨灾及其身。”这是孔子在《礼记·表记》里的话。意思就是，一个人从口头上给别人施以恩惠，实际上却不去做，或者做不到，怨恨和灾祸就会降临到这个人的身上。

常言道：“言必信，行必果。”又有古话说得好，“君子重诺，小人无信。”

《礼记·杂记》曰：“有其言，无其行，君子耻之。”嘴巴上说了，却没行动去执行，君子以此为羞耻。夸夸其谈信口开河，而不当回事，不曾去履行承诺，形同小人也。

第四，要想语言美，言之有物还不够，此“物”要合乎规则常礼。也就是话语的内容，要合乎礼法精神。

《礼记·内则》云：“男不言内，女不言外。”

男人看到这，会偷着乐。《礼记》在帮男人说话啊，劝告广大男同胞不要去谈家务事，而女人呢，没必要去操心公务事。没完，继续说，“内言不出，外言不入。”这就更进一步了，要主内的妇女同志别动不动把家里婆婆妈妈的事一股脑儿抖给下班回家的男人听，而男人一进门，也犯不着把公司里钩心斗角啊烦琐疲乏的公务大事让妻子一起来分享。

初看，似乎孔夫子和他的弟子们在这里明目张胆要求男女不平等。细想，不是，这里强调的是家庭内部的男女分工，符合阴阳学，是中华民族几千年来的传统。男主外，女主内，符合“阳上阴下，阳外阴内”的易理。

在这里，单单一项关于“言”的礼仪，就把家庭人员的各自担当，男女的合理分工，做到了人伦有序。各尽其能，各尽其事，从而确保婚姻稳固，家庭和谐。所以，这道礼仪设计可说还真是遵循了自然之理。礼乃阴阳之道，男女有别，里外有异。

《礼记·少仪》曰：“不窥密，不旁狎，不道旧故，不戏色。”

别惦记着去刺探人家的隐私，不要随随便便用花言巧语去与别人套近乎，更不要翻他人的老底，别把嬉皮笑脸的侮慢神态当成有喜剧天分。俗话说得好：“静坐常思己过，闲谈莫论人非。”这话，与“不窥密，不旁狎”可谓一脉相承。本书在《莫问芳龄莫问财》一节里直言，“窥密”和“道旧故”属于古禁忌，不宜过嘴巴瘾去涉足。

第五，要想语言美，当然还得懂点谈吐技巧才行，要做到“善”言。

《礼记·学记》里有这么一段话：“善歌者，使人继其声；善教者，使人继其志。其言也约而达，微而臧，罕譬而喻，可谓继志矣。”

此中的“其言也约而达，微而臧，罕譬而喻”，本来指老师授业时，语言简约而明达，含蓄又精妙，少用比喻却又能让人明白易懂。实际上，这个要求可用于所有人的言谈。也就是说，一个人说话，务求简单明白。

说及“善言”，就不得不说古人遭遇打听年龄的忌讳时如何应答的例子——这些例子在《莫问芳龄莫问财》一节里已罗列，此处不重复。但那种答复技巧，真的不赖。委婉，不失风趣。既没因粗暴回绝而显得自己缺涵养少智慧，又没无奈不情愿地公布真实年龄给自己添委屈。不给彼此添尴尬。

善言，还得懂点无伤大雅的忽悠。

《礼记·曲礼》讲了个故事：“君使士射，不能，则辞以疾，言曰：‘某有负薪之忧。’”

诸侯张大王某天突然冒出兴致，想跟身边跑腿的李臣比试一下射箭本事的高低。不巧得很，这个李臣身为臣子，居然不会射箭。他只好托病谢绝，说：“哎呀，大王，昨天我担柴把腰扭伤了。”

这个臣子不是不敢跟领导当场比武，而是根本不会射箭，估计是个文官。不会射箭可以明说啊，但直接说谢主隆恩，对不起，我从没摸过冷兵器，连暗器都不会使。这不是给大王一个难堪吗？哼，你小子让我出洋相是不，公然告诉在场的文臣武将，我这做主子的一点都不了解你，连你丝毫不懂射箭都不知道。为了避免有可能出现的难堪，此刻，虚晃一招，称自己身体有恙，是明智办法。一来给上司一个说得过去的交代，二来给自己找个台阶下。

这，就是说话的技巧，“某有负薪之忧”，也符合《礼记》所倡导的“穆穆皇皇”，堂而皇之的理由，说得很诚恳，不像开玩笑。

打个比方，而今宴席，是铁定会有酒水出场。你喝酒不在行，直接说“我不喝酒”会显得唐突，难免扫大家的兴，倘不失幽默地宣布：“我喝酒的本事不过硬，但为大家倒酒一直我的拿手好戏，可以做到滴水不漏。”言者有心，听者也不会强人之难，大家听你这么一说，皆大欢喜。

第六，要想语言美，态度要端正。

《礼记》是绝对不允许语言暴力的，那属于公然与“礼”唱反调。

话语的内容是本，谈吐的技巧，还有讲话的态度是末。本末倒置固然不可行，但只认本，舍弃末，那也残缺不全。所以，技巧要追求，态度要端正，谦恭。

《礼记·内则》曰：“父母有过，下气怡色，柔声以谏。谏若不入，起敬起孝，说则复谏。”只要是父母有过失，要气色和悦，态度恭顺，声音轻柔地劝谏。如果父母不听劝说，也要敬爱并孝顺他们，等到他们哪天心情好了再复劝谏。

这就是说做儿女的，与父母说话，态度要谦恭，说话要柔和。

第七，语言之美，美在内容、辞藻、态度、技巧……音量高低也是要注意的。

《礼记·投壶》里有此二字，“毋怃。”

投壶，是古代宴饮时的一种投掷游戏。把箭向壶里投，投中多的为胜者，反之为输者。输者根据事先约定喝酒。投壶礼是从射礼演变而来。

古人宴饮时，有人不会射箭，就拿箭投向一个小口高腰的壶代替射箭。后来，宴饮时的射礼就逐步被投壶礼所代替。

既然是玩游戏，为何要告诫众人不要大声喧哗说话呢。“毋怃”，即不要大声说话的意思。

如果一个人为了表现自己中气足，说话时，嗓门足以撕裂云霄，你能说这个人语言美？

今天的体育比赛中，大声喧哗者，你可会说此人修养非常好？李娜在网球比赛时就曾按捺不住，当场指斥那些不懂规矩肆意叫喊以至于影响她比赛的观众。

古人投壶游戏时，不可高声语。发展到今天，就是公众场合，不可高声语。

最后，我想放些常用词在此。这些词语，在我故乡，依旧会在日常生活中，出没于平常人的嘴里。

初次见面说“久仰”，很久不见说“久违”。

认人不清用“眼拙”，向人致歉用“失敬”。

求人解答用“请问”，请人指点用“赐教”。

请人批评说“指教”，求人原谅用“包涵”。

请人帮忙说“劳驾”，请给方便说“借光”。

麻烦别人说“打扰”，不知适宜用“冒昧”。

问人年龄用“贵庚”，老人年龄用“高寿”。

问人姓氏用“贵姓”，回答姓氏用“免贵”。

赞人见解用“高见”，自身意见用“拙见”。

看望别人用“拜访”，宾客来到用“光临”。

陪伴朋友用“奉陪”，中途先走说“失陪”。

等待客人称“恭候”，错过迎接说“失迎”。

欢迎顾客称“光顾”，答人问候用“托福”。

请人收礼用“笑纳”，辞谢馈赠用“心领”。

表演技能用“献丑”，别人赞扬说“过奖”。

向人祝贺道“恭喜”，答人道贺用“同喜”。

请人担职用“屈尊”，暂时充任说“承乏”。

读人文章用“拜读”，请人改文用“斧正”。

尊称字画为“墨宝”，招待不周说“怠慢”。

多年的媳妇熬成粥

1

刘兰芝很冤。

每天鸡才张嘴叫唤第一声，她就进入织布房开始忙碌。白天织，晚上织，夸点张，说争分夺秒都可以，反正是难得休息。

绝对不是磨洋工，不是瞎忙没经济效益。数据说话最靠得住。刘兰芝自称“三日断五匹”。三天织布五匹，效率不低吧。

“昼夜勤作息，伶俜萦苦辛”之外，刘兰芝“奉事循公姥”，也就是说她侍奉公婆时都是顺着他们的心意，一举一动从不敢自作主张，一言一行从未曾不守本分。

“三日断五匹”也罢，“奉事循公姥”也罢，虽源于刘兰芝自己的嘴，可她绝非信口开河。刘兰芝的贤惠和勤劳美德，如果说是她自夸不足以取信，如果仅仅左邻右舍亲朋好友来帮腔也难以取信，那么，刘兰芝的丈夫，也就是《孔雀东南飞》中的男主角，焦仲卿同志亲口说出来就不假了吧。

焦仲卿是这样对娘亲说的："儿已薄禄相，幸复得此妇。结发同枕席，黄泉共为友。共事二三年，始尔未为久。女行无偏斜，何意致不厚?"短短几句话，高度赞美了老婆的贤惠和能干，称得上是对贤妻的百分百肯定。

事实上也的确如此，官宦之家出生的刘兰芝完全称得上白富美一个。

先瞧瞧其相貌，"指如削葱根，口如含朱丹。纤纤作细步，精妙世无双。"

美吧！

再瞧瞧她的嫁妆，"红罗复斗帐，四角垂香囊，箱帘六七十。"

不差钱吧！

又瞧瞧她的个人简历，"十三能织素，十四学裁衣。十五弹箜篌，十六诵诗书。"

居然还是学霸一个！

这般知书达礼年轻貌美又钱财满贯的女神，难怪离婚回家没几天，官二代们，比如县令家的三公子（"县令遣媒来，云有第三郎"），太守家的五少爷（"直说太守家，有此令郎君”）均争先恐后跑来提亲。

打着灯笼也难找的好媳妇啊，可是，焦仲卿的母亲，弄不明白是老糊涂了，还是哪根筋错乱了，横竖看儿媳妇不顺眼，一口咬定儿媳刘兰芝“此妇无礼节，举动自专由”。责怪儿媳妇完全不懂礼节没有教养，喜欢自作主张——自己有主见，居然乃罪行。当儿子焦仲卿替自己的妻子公正辩驳时，焦母竟勃然大怒，反倒责怪儿子固执狭隘，责令儿子立马将儿媳赶出家门，一分一秒都容不得她停留。

接下来的故事自然是悲剧了。《孔雀东南飞》里的女主角刘兰芝女士跳水自尽，男主角焦仲卿先生悬梁而亡。

值得赞叹的是，就算被婆婆强行赶出家门，被迫和丈夫焦仲卿离婚，当刘兰芝回到娘家，娘亲含泪追问女儿有何过错被赶出婆家时，刘兰芝没有满腔的怨恨，没责骂婆婆瞎了眼，更没怨恨丈夫是软蛋，也没妄自菲薄唉声叹气，只是不卑不亢地告诉母亲：“儿实无罪过。”她又一次说了大实话，她真没做半点对不起婆婆对不起丈夫对不起小姑子的事。

就因被婆婆冤为“此妇无礼节”，一对恩爱夫妻就此劳燕分飞，两个苦命鸳鸯从此坠入黄泉。幸而结尾不算太缺德，“两家求合葬，合葬华山傍”，焦仲卿和刘兰芝好歹算是团聚，从此不离不弃。

2

除了焦仲卿和刘兰芝这对恩爱夫妻因婆婆的最高指示而被迫分道扬镳外，中国数千年文化史里还有另一对著名的夫妻，也因霸道婆婆的强行干预而各奔东西。那就是在沈园各自写了一曲幽怨千百转，郁愁结于心的《钗头凤》的陆游和唐琬。

陆游和唐琬原本是表兄妹，结为夫妻后真是相敬如宾两情相悦。要说呢，表兄妹结婚是近亲结婚，不应该。但既然已经是男欢女爱举案齐眉，夫妻恩爱是好事儿啊。然而，陆游的母亲不乐意了。据五花八门的考证，自从貌美如花又文采斐然的侄女唐琬做了自己的儿媳妇后，陆游母亲越来越难得有欢喜心，原因是儿子儿媳太恩爱了。

眼看着自己寄予厚望的乖儿子陆游一天天沉浸在男欢女爱中，把积极追求功名利禄的事业心全丢到爪哇国去了，做娘的，能不急吗？于是，一顿责骂后，陆母强行要儿子以一纸休书将唐琬送回了娘家。这是说法之一，我不大信服。

另一说法，于我看来，似乎也不可信。那就是陆游和唐琬结婚一年多后，唐琬“无所出”。为人妇，却不会生娃娃，你再会吟诗作对，你再国色天香，你再门当户对，你再亲上加亲，在婆婆眼里，都不顶用。于是乎，在陆母铁腕治家的强权手段下，陆游和唐琬两人泪眼汪汪地唱了一出“燕分飞”。挥手自兹去，从此不共枕。

第三个说法，是我自己瞎猜的，私下里暗暗寻思，应该最有可能。那就是陆母见儿子陆游和儿媳唐琬太过恩爱，不知不觉中冷落了自己这个亲娘老子，心里如同打翻了醋瓶子。或许，陆母明里暗里对唐琬也旁敲侧击过，要她不要整天在自己眼皮底下和陆游恩恩爱爱。但唐琬出自大户人家，而且凭她应和陆游的《钗头凤》一词就看得出她是超级才女，才女往往是很骄傲的。自古，低眉顺眼往往不属于才女的优良品质。陆母严厉批评，唐琬会虚心接受批评教育从此洗心革面重新做人吗？难哪！于是乎陆母使出撒手锏，决定要儿媳从眼前消失。“人民内部矛盾”不可避免地扩大化、公开化，陆母借陆游之手干脆利落地将唐琬赶出陆家。

《大戴礼记·本命》曰：“妇有七去，不顺父母，去。不顺父母，为其逆德。”唐琬之去，乃不顺陆母也。

陆唐两人的结局也挺差，但跟《孔雀东南飞》里的男女主角相比的话，姑且算打了五折吧——《孔雀东南飞》是男女主角殉情而死，而陆唐之恋是唐琬因抑郁而早逝，陆游伤痛欲绝。一死一伤，两曲悲伤情歌《钗头凤》，一直唱到如今。

有关《钗头凤》的细节是这样子的：陆唐离婚 10 年后，公元1155 年，陆游科考落第后去沈园游玩散心，恰好碰到早已与大宋赵家宗亲赵士程结为夫妇的唐琬。她和再婚夫君在沈园开 Party，大宴各路亲朋好友。此时此景此人，陆游的心自然是碎成一地玻璃碴儿，万千悲伤，更多是心酸涌上心头，大笔一挥而就《钗头凤》：“红酥手，黄縢酒，满城春色宫墙柳。东风恶，欢情薄，一怀愁绪，几年离索。错，错，错。春如旧，人空瘦，泪痕红浥鲛绡透。桃花落，闲池阁，山盟虽在，锦书难托。莫，莫，莫！”

唐琬读到陆游的词后，满腔伤怀无处述说，无奈中同样以《钗头凤》为名，写下千古绝唱：“世情薄，人情恶，雨送黄昏花易落。晓风干，泪痕残，欲笺心事，独语斜阑。难，难，难。人成各，今非昨，病魂常似秋千索。角声寒，夜阑珊，怕人寻问，咽泪装欢。瞒，瞒，瞒！”而后，心神憔悴的唐琬，没多久就郁郁而终撒手人寰。

3

模范媳妇刘兰芝，才情女子唐琬，都算得上才貌双全的佳人，可是，婆婆偏偏容不下她们。其实，岂止她们，千百年来，婆婆眼里，有几个儿媳妇会是金镶玉呢。

我想起刚到澳大利亚那阵子的见闻了。

刚到澳洲，身边有个基督教徒，见我们一次就给我们吹一次耳边风，全是说耶稣的好话，只盼我们也赶紧成为上帝的虔诚子民。只是，我打小就受经常敬拜观音的母亲和祖母的影响，始终觉得菩萨的温润面容比耶稣含辛茹苦、替世人受罪的脸色更亲切。所以，无论人家怎样给我源源不断送上帝之音，作为听众的我，总给布道者一副油盐不进的感觉。后来，他改策略了，一到周末，就热情洋溢邀请我们去教堂听牧师讲道，想必是寄希望于牧师的能言善辩感化我这颗愚昧不化的心。那就去呗，当时朋友少，没车，钱袋子也瘪，反正周末哪也不能去。

那是一家华人教会，主任牧师是越南华人。他原本是越南难民，越南战争期间，投奔澳大利亚。之所以去华人教会，皆因我刚来澳洲，英语听和说的水平均属三脚猫功夫（现在也好不到哪去），若去满嘴英语的教会，不过装样子。去了华人教会发现，在这里接受传教的多数是华人长者。身强力壮的华人到了异国他乡，相当多的依旧以发财致富为人生追求的目标，周末加班或正式上班外的第二副业增收比较常见。旅居异乡的老人们呢，打麻将缺人，跳广场舞没伴，谈黄昏恋更是门都没有——澳洲可没华人集中居住的小区，要想站小区门口一声吆喝，十几分钟就围满一张八仙桌，那是白日梦。周末去教会，算是最适合的社交，至于说他们是否真心追随耶稣，那倒也比较肯定，但去教会聚首的目的却委实不仅仅是追随耶稣。

我去教会聆听主日学牧师的讲道之余，偶尔会去“福音班”接受教会传道人的再教育。福音班的主要学习，一般是传道人选取《圣经》里的一段文字从头念到尾，而在座者人手一本《圣经》跟随传道人的读经从头看到尾。接下来，个人谈谈对这段经文的感想，此所谓“查经”也。有一次，传道人临时有事，要我们坐等会儿。坐着无聊，福音班的人开始交头接耳。

当时在座的基本是年过六十的老太太，我算例外。天地良心，我真的不是故意的，而是一边翻着《圣经》找里面的故事看，因不够专心，近在咫尺的声音主动钻入我耳朵的。最初，主题不统一，很快整齐划一了。我听到她们你一言，我一语，步调一致把枪口对准儿媳妇——她们居然全都在指责儿媳妇，不是懒，就是馋，要么自私，要么不敬……总之，全身上下，里里外外，仿佛全是毛病。

如果一个中国老太太想找知音，最佳捷径，莫过于说儿媳妇的不是。似乎唯有背地里将儿媳说得一无是处，反复抱怨，就最易产生共鸣。

要说婆媳关系，真是千百年来家庭伦理关系中总解不开的“死结”。无论在现代社会还是在古代社会，婆媳在家庭生活、婚姻关系中都占据着极其重要的位置，而婆媳关系的好坏，可谓直接决定了家庭、婚姻是否和睦和谐。遗憾的是，在许多文学作品里，婆媳仿佛是前世的仇人，今生的死对头。社会学家根据长期调查研究发现，如今中国每 8 对离婚夫妇中，居然有 4 对夫妻是由婆媳矛盾造成的。不少夫妻因婆媳之间势同水火无法调和，导致夫妻长期冷战、分居，最后离婚。由此可见，良好的婆媳关系是幸福婚姻和谐家庭的重要因素。

古代中国的家庭内部婆媳关系，就像焦仲卿她妈和刘兰芝，基本都属于领导与被领导、尊贵与卑下、裁判与运动员的模式。没办法，古时是父权、夫权、封建家长制的家规，在维系封建家长制的逻辑中，“婆婆本位”好似天经地义。太多的古籍图书，一提到婆媳，就迫不及待给做儿媳的用白纸黑字罗列一大堆“行为准则”，主题一致，那就是无条件地服从婆婆的最高指示。

《礼记 · 内则》说，公婆如生病了哪里不舒服了，做儿媳的，就应该一心一意小心翼翼给婆婆按摩。又有《女教篇》帮腔，称媳妇对公婆要“侍其疾，丧事尽哀，祀事竭力”，《改良女儿经》更是跟着起哄，说“公姑病，当殷勤”。理论宣传之外，还拿榜样说事，做儿媳妇最出名的，莫过于明代周祥的模范人妻张氏，为给婆婆治病，“割左胁下，得膜如絮，以手探之没腕，取肝二寸许，无少痛，作羹以进姑”。这血淋淋的难以置信的故事可不是我编造的，古籍《内训》和《女范捷录》都有记载。

4

《礼记》作为礼法之经典，对儿媳妇的义务自然长篇大论，我没想到的是，对婆婆其实也是有明确要求的。在《礼记》繁缛的，以婆婆为尊、儿媳为卑的婆媳礼仪中，居然也有婆婆要疼爱疼惜儿媳妇的教义，算是古代婆媳之礼的一大亮点。

《礼记 · 内则》曰:“子妇有勤劳之事，虽甚爱之，姑纵之而宁数休之。”

“子妇未孝未敬，勿庸疾怨，姑教之。若不可教，而后怒之；不可怒，子放妇出而不表礼焉。”

当儿媳妇正辛勤劳作时，即使做婆婆的非常疼爱她，也要由得她尽心尽力去做，但婆婆得提醒她多休息几次。心疼儿媳，为何不干脆劝止她放下手中的活而是由得她继续劳作呢?

我想，如果做儿媳的在婆婆眼皮底下，因为劳累而扔下活儿不干，很容易为他人所误会，背上懒惰罪名。所以，身为婆婆，估计也是多年媳妇熬成的婆，自然知道其中利害，为声誉计，不如儿媳辛勤劳作时反复提醒她休息多次更妥。

如果儿媳不够孝顺不够恭敬，身为婆婆，不要勃然大怒去怨恨叱责她，更不要拍案而起去打骂她。首先要真诚地对她进行教诲，耐心指出她的错，和颜悦色地教导儿媳妇，让儿媳感受到家庭的温暖。

为何婆婆要这样做，《礼记》也没明说。不过，简单一想就明白。打个比方，孤儿往往缺少家教，由此在礼节礼仪方面难免有所缺失。但许多孤儿本性并不坏，只要肯下功夫严加管教，原本顽劣的孤儿很可能就脱胎换骨，成长为社会的栋梁之材。同理，媳妇不坏，但在娘家家教不严，礼仪难免有所缺损，婆婆奔着治病救人的原则，和颜悦色教导儿媳，当然是上上策。

万一运气不好，撞上的儿媳妇屡教不改，不听教诲，《礼记》这样给婆婆出主意："若不可教，而后怒之。"也就是说，到这个时候，婆婆才可以叱责她。

如果据理，说"据礼"也行，责骂儿媳的不孝不敬，可儿媳不服管教，还敢与婆婆顶嘴对着干，针锋相对，甚而恨不得骑到婆婆头上怎么办？这时候，就不得不考虑让儿子写休书了。对不起，你这个活菩萨，咱家供不起，你还是回娘家去吧。

到此时，婆媳之间的脸算是彻底撕破了。但，《礼记》开出的药方仍是清心清肺唱主角：儿子儿媳离婚了，家丑不可外扬，婆婆的嘴不要变成小广播，四处张扬儿媳违背礼法的不是。

整部《礼记》针对公婆对儿媳的“义务”，就这么几句。可别小瞧这么几句，主题思想够丰富。

首先，要求婆婆心灵美。

看儿媳勤劳，劝其多休息，摆明了是要求做婆婆的，虽为长辈，但要心地善良，爱护晚辈。古人强调忠厚之道，心疼儿媳，合乎忠厚之道。

其次，要求婆婆语言美。

即便儿媳违背礼法不敬不孝，仍要求婆婆“勿庸疾怨，姑教之”。由此可见《礼记》强烈反对婆婆破口大骂，“治病救人”才是大方向。

再次，要求婆婆行为美。

儿子儿媳离婚了，按今天的所见所闻，几乎没几个做母亲的会把责任怪罪到自己儿子头上，而为儿媳辩护的。可以说95%以上的婆婆会步调一致、不分青红皂白地把恶妇的高帽子扣到已离婚的前儿媳头上。而古人的做法，是家丑不可外扬，竭力维护他人的美好声誉。

5

坦白说，并非夸张，我活了四十多年，还真没听到几个做婆婆不吝美言狠劲夸儿媳的。我说没几个，不等于没有。

比如我母亲，对儿媳一贯是赞不绝口。我母亲生养儿女六个，其中五个翅膀硬了就先后飞出家门，在远方生根发芽，唯有大哥大嫂在她身边，日常尽孝的担子也等于全落到大哥大嫂身上。搁别的儿媳，估计会怨声载道，但我大嫂——我一直喊她“金姐”，视她为亲姐姐，嫂子金姐癌症去世后，我曾为她写过一篇文章《嫂子，你在天堂还好吗?》曾感动无数读者——金姐从无半句怨言，始终视公公婆婆为亲生父母。每天嘘寒问暖，遇到公婆偶有小病痛，她都会如临大敌。正因大嫂的好，我母亲视她为亲生女儿一般。我的大嫂患胃癌晚期，我母亲给她喂饭、洗脚、梳头……大嫂走后，我母亲每逢念及嫂子，必眼泪汪汪，必说起她点点滴滴数不清的好。

大嫂金姐走后，大哥后来续弦。新嫂子进门后，有次我在家族微信群发言回忆大嫂，随便罗列了嫂子金姐的几个优点。我母亲得知后，在电话里批评我，说两个嫂子，不分前后，都好。她在电话那端告诉我，新嫂子手脚勤快，嘴巴甜，敬老爱幼……统统长处，无一不足。我的母亲，也是婆婆，就这样习惯了只看儿媳的长处，习惯了赞美。

犹记得嫂子金姐生前，我每次回国，与她总会长聊。有回金姐说："主要是妈会做人。"大嫂嘴里的"人"，在我看来，此处特指"婆婆"二字。也就是说，一个女人要懂得如何去做个好婆婆，才能和儿媳妇打成一片，才会轻轻松松亲如母女。

我祖母生养了九个儿女，我母亲是她的儿媳之一。等于说，我母亲身为儿媳们的婆婆，也曾做了多年的媳妇。有句俗话："多年的媳妇熬成了婆。"在我母亲这里，该说："多年的媳妇熬成了粥。"

粥，暖心暖胃。

你敬我一尺，我敬你一丈

和谐社会，实际不只包括社会的和谐，还有人和大自然的和谐。《礼记·月令》说了许多人与自然的和谐。至于社会和谐，就是人人以礼相待、和睦相处、和平共存。

《礼记》认为，人际交往中之“礼”，即“自卑而尊人”，而人人能做到自卑而尊人，和谐社会就指日可待了。

且放下自卑而尊人，先来听个故事。

故事的版本太多，先拣最常见的说，一个同学发在她的微信朋友圈。

总统大人和孙子散步，路旁一个乞丐见到总统，立马鞠躬致敬。总统立刻止步，脱帽对乞丐弯腰，鞠躬。孙子不解，问总统：“爷爷，他是一个乞丐，您怎么向他鞠躬啊。”总统说：“我绝不允许一个乞丐比总统更有礼貌。”

故事很精彩，但对不起，它极可能纯属某作者为了赞美良好修养等美德而精心炮制的“心灵鸡汤”。与美国总统华盛顿莫名其妙被某作者塑造为砍樱桃树的诚实小子，共产主义理想的缔造者马克思被某作者不由分说硬是安插上“破坏公物”的罪名（说他在大英博物馆长期读书，用鞋底在硬邦邦的地上磨出一个坑来）等名人故事，如出一辙，目的都是为某个鲜亮的正能量主题，硬着头皮编造出一个故事，套在大人物头上来打动读者。

此类文学创作手法，行业术语为“主题先行”。

也就是根据特定的需要，先确定所谓鲜明的积极向上的“主题思想”，然后再根据这个特定主题去完形填空，包括时间、地点、人物、事件，当然还免不了事件的起因、发展和结果，一步步使主题得到升华。在文章的结尾，自然要化腐朽为神奇，和早已成竹在胸的主题一拍即合。就算勉为其难，内容和主题也要为了共同的目标走到一起来。

事实上，当年过高考独木桥时，高考作文写得倍儿棒的我，早就对这套“主题先行、内容当跟班”的写法手法了如指掌。初入行写作，亦曾耍弄过这类小聪明式的“熬制鸡汤”把戏。

不过我今天不是说文学创作究竟应该源于生活还是源

于概念的理论，而是好奇第一个编造这个总统向乞丐鞠躬故事的作者，为何不指名道姓为总统标上尊姓大名，这样一来，故事至少能涂抹一层真实性的影子啊。

感谢百度和谷歌，一搜，搜出不少鹦鹉学舌的相同主题但细节不同的版本。

之一，总统终于有名有姓了，他是林肯。而总统的孙子也换人了，成了林肯的随从。故事是这样的，林肯和随从出行，路遇一乞丐鞠躬，林肯脱帽鞠躬回礼。

之二，总统换人了，不仅仅换国籍，还换性别，更换乌纱帽了。人家不再干“总统”工作，直接当“王”了，是英国女王。至于是伊丽莎白二世，还是维多利亚女王，故事里没声张。而且，这次，女王也不只是带个把随从出门，而是一群跟班跑腿的。故事说，英国女王有次前呼后拥出巡，路遇一乞丐，乞丐鞠躬，女王也回礼鞠躬。

不过我今天也不是要从一个故事一篇文章，去追究真诚创作或虚假创作的问题，而是想从子虚乌有的故事里拎出货真价实的核心，那就是任何时候、任何地方、任何人都需要尊重和修养——管你是中国还是外国，管你是总统是女王还是乞丐，都必须“识礼”“懂礼”“有礼”。而大人物和小人物的彼此尊重，相互平等的存在，应该是普罗大众人皆有之的博爱精神。

《礼记·曲礼》写道："夫礼者，自卑而尊人。虽负贩者，必有尊也，而况富贵乎？"

自我谦卑，懂得去尊重他人，哪怕对方是挑着担子走街串巷的货郎，也一定有值得尊重的地方。至于那些袋子里钱多多，地位显赫，既知书又达理的大角色，值得尊重是理所当然的。

你瞧，远在几千年前的中国，就白纸黑字说清楚了，人无尊卑之分，哪怕是贩夫走卒，也同样值得尊重。

至此，我好歹算是明白了为何不知名的作者会鼓捣出总统给乞丐鞠躬敬礼的文章了，是不得已而为之啊。"等级观念"非常坚固的中国，不得不请一位面目模糊的外国总统来给我们上一堂"一视同仁，以礼相待"的道德教育课，上一堂"来而不往非礼也"的礼仪修养课。

事实上，总统对平民（包括乞丐）以礼相待的事，不足以当新闻，更不足以当高风亮节来夸耀一番。用投票说话的西方民主国家，如果总统高人一等，不与普通选民平起平坐以礼相待，胆敢在选民面前耍威风，对不起，我将动用我手上的权利，用选票请你下台！

简单说，在我们对西方国家从上到下彬彬有礼的道德行为赞不绝口时，别以为人家是借"道德"去治国，实际非也，实乃“法制”在治国。

道德肩负不起治国的重任，但维护治安还是派得上一定的用场。

《礼记·曲礼》说：“人有礼则安，无礼则危。故曰：礼者不可不学也。”

意思明摆着：人人知书达理有礼有节，社会就会安定团结。人人把礼义廉耻丢脑门后，肆意胡作非为，整个社会就陷入动荡不安。

还是在《礼记·曲礼》，又云：“富贵而知好礼，则不骄不淫；贫贱而知好礼，则志不慑。”这正如《孟子·滕文公下》中所言：“居天下之广居，立天下之正位，行天下之大道；得志，与民由之；不得志，独行其道。富贵不能淫，贫贱不能移，威武不能屈，此之谓大丈夫。”都表明了，无论富贵贫贱，唯有胸怀仁义礼智信美德者，才能做到绝缘于骄奢淫逸，才能做到任何时候也不会舍弃自己的伟大志向。

而尊重他人，懂得谦让，则是做人最起码的品质。

《礼记·坊记》借孔子的话提醒世人：“哪怕一杯酒，就算一豆丁肉，都要懂得相互谦让，主动接受相对较差的那一份。”（子云：“觞酒、豆肉，让而受恶。”）不过，梦想很丰满，现实很骨感。《礼记·坊记》接下来引用《诗经·小雅》中一段话，揭示了不独今天，就算在古时，社会现实也相当的骨感。

《诗经·小雅》中的那段话读来触目惊心："民之无良，相怨一方。受爵不让，至于已斯亡。"用顺口溜来解说："有的民众不善良，动辄埋怨错在对方，就算为了杯酒也不谦让，以至于最后无辜闹至身亡。"

岂止是一杯酒，甚至于一言不合就针锋相对，拳脚相交。结果血洒当场，命丧黄泉。

"民之无良，相怨一方。"在《后汉书》里也以此做警世忠言："上无明天子，下无贤方伯。人之无良，相怨一方。"

或许，因尊重和谦让难得，孔子在《礼记·坊记》特别强调："子云：君子贵人而贱己，先人而后己，则民作让。"

我们经常会听到一个褒义词：谦谦君子。谦谦君子的美德，实际就是尊重和谦让。

贵人而贱己——任何时候，尊重别人而贬抑自己。

先人而后己——利益当头，以他人为先而己为后。

很喜欢《六尺仁义巷》里那个流传的故事，它用生动的历史小插曲告诉我们：你敬我一尺，我敬你一丈。

跋

有“礼”走遍天下

2017年，年头到年尾，我都在读《礼记》。反复读。

之前没想过，自己走过的路与《礼记》有何瓜葛。

去年几番通读《礼记》，我发现，童年时母亲给我灌输的“口头禅”，通过旁敲侧击方式，塑造了我的性情品格，指导了我的成长。不用说，还将继续发光发热，影响我的下半辈子。而超过半数口头禅，诚如序言所说，与《礼记》有千丝万缕的联系——由此，似可这么下结论，是“《礼记》精神”伴随我走遍千山万水，从湖南一个小山村出发，走到益阳市衡龙桥镇，走到宁乡煤炭坝镇，再走到省城长沙，再走到深圳特区……继续不停地走，一直走到南半球的澳大利亚。

上世纪 70 年代初，我出生于湘中益阳一个名为金盆桥的山村。村子山环水绕，山并不高，水也不深。深圳著名理学大师“易尊”谈太立先生曾去我家乡，我告诉他，哪里有山有岭，哪里是河是溪。谈先生直叹息。改革开放后，村里建起好多家大型砖窑厂，因取泥烧砖，山体已千疮百孔。又因当年大修水利，原本左拐右绕的菁华河被修造成平直河流；一左一右两条夹村而下的溪涧，侗家坝和白米泚，淤泥堰塞，我童年时清澈见底随处可见鱼虾螺蟹的溪流，现已听不到流水欢歌，只剩下死水微澜……然而，民风依旧，熟悉的口头禅、顺口溜仍挂在父老乡亲的嘴边，继续养育着当地的家风民俗。

犹记得小学四年级，我就读家乡的金盆小学，王正才老师授课，要求写作文《我的理想》。人家写当解放军当科学家，因家乡有个作家周立波写了著名的《暴风骤雨》，我厚颜写下“长大要当作家”。《礼记》言“士先志”，正是。要说儿时立志时，未必百分百当真。可谁能否认少时因父母和老师反复灌输“有志者事竟成”，脑海由此生“愿力”，佛门和基督教都有“愿力”这词，心理学也有相似词汇，“愿力”的功效不可小瞧。

12 岁那年，我考入益阳第十中学。当时益阳地区进行教育改革，建重点初中，便是益阳第十中学。老家附近十多个自然村，那年就我一人考入该中学。非我天资过高，母亲整天念叨“万般皆下品，唯有读书高”，在言语敲打下，我读书格外努力。读《礼记》里“念终始典于学”，暗想，这与母亲的教诲同一个腔调嘛。

高考，我是文科班唯一超重点大学录取线学生。有篇小文曾记录我的求学，《一年又一年》，《青年文摘》曾转载。我写道：“我读书是苦读。”我真的是苦读。当年，其他同学呼呼大睡时，我和好友刘健钻进隔壁小学的破旧教室里挑灯夜战。而今读《礼记》里“人一能之己百之；人十能之己千之。”我会心一笑。寒窗苦读跳出农门，因我确实“百之千之”甚而“万之”于别人。

录取时出意外，应该读大学的我最后仅仅被一所中专学校录取。我哭，不想去。母亲也落泪。农家子弟，哭诉无门，她只能安慰我，“吃得苦中苦，方为人上人”，去吧。我在长沙读两年中专，暗暗咬牙，发誓偏要做人上人。等我捕捉到《礼记》中这句“知困，然后能自强也”，心中既酸涩，又骄傲。当年我去湖南省供销学校报到，父亲用根扁担挑着简单铺盖，我跟在他的身后，一步一个脚印，走在319国道通往供销学校那条长达2公里的山道上。山道弯弯，我的内心只有失落和怨愤。但进校后，我很快振作。参加班长竞选、创办文学社、主持校刊校报校广播站、学生会任职……我是真做到了“知困而后自强”。

如上，真可以说，借母亲小时灌输的“口头禅”，《礼记》实际早已开始滋润我的生命，修正我的道德品格，激励我坚持不懈奋勇前行。只是，先前我未曾察觉而已。捧读《礼记》，不过清楚无误告诉我，“礼记精神”始终如影随形陪伴我，决定了我的行走方向，指引我的人生之路。

继续说我的深圳岁月和澳洲光阴吧，瞧瞧“礼”如何进一步助我走遍天下浑不怕。

中专毕业走出校门第二天，我坐火车南下。火车还没到深圳，身份证、毕业证和衣物被偷。在深圳特区，我睡过草地，凭20元押金开始摆摊卖报纸，而后摆图书零售摊，承包租书店，再涉足书刊发行业，经商，再写作……

《礼记》说：“博学而不穷，笃行而不倦。”在深圳13年，我没一天不读书，没一天不“奔跑”。

《礼记》说：“言而履之。”因诚信，我在深圳不付分文押金，却得以承包深圳市总工会的一家租书店。还是因诚信，我决定进入书刊发行业时，原来打工的公司老板借2万元给我当启动资金。

《礼记》说："爱而知其恶，憎而知其善。积而能散。"凭这，我在深圳结交朋友无数。而这些朋友无不予我助力多多。

《礼记》说："敖不可长，欲不可从，志不可满，乐不可极。"我也意外得以"严格执行"——刚入深圳怀揣124元，6年后在特区购房，所得"利润"可谓相当不错。弃商从文后，获过不少写作小奖，写作第二年成为《读者》杂志签约作家，随后平均每年出版一本书。一帆风顺，似乎可骄傲一把，翘翘尾巴，我没有。

《礼记》说："凡事豫则立，不豫则废。"联想到写作，2002年，我刚入门，要求自己每天写3000字。一个字一个字，硬是当年就码出在报纸杂志发表300多篇文章的"效果"。而后，继续码字，码出十几本书来。这就是"豫则立"！

2006年赴澳洲。仿若我的深圳故事，一切从头再来。

反省自己到澳洲这11年，千真万确，又是一轮"礼记精神"鞭策下的成长。

最初英语口语和听力一团糟，去华人肉店干每小时8

元的短工，打扫冻库，一周三天，每天仅两个小时。边学英语边打工，现在端上一家大公司的铁饭碗。整个公司就我一个中国人，薪水比以前翻几番。到澳洲第三年，购房。再过6年，再次购房。去年，在澳洲买地建房……写作也没丢，依旧每年都有新书面世。

有“礼”，果真足以走遍天下都不怕。当然，我走过的，不过是地球小小一角。

哪些礼？《礼记》传授的“孝悌、谦恭、勤奋、敬畏、诚信、坚韧、好学、正直……慎独”，够了。

有“礼”走遍天下，反之，就一定有“无礼寸步难行”。我始终默默观察、关注身边的人。所见不守规矩、不守诚信、不孝不友的道德败坏的人，果然是寸步难行。他们再使劲折腾，无论经商还是做学问，始终一事无成。其婚姻家庭生活，同样一团糟无善可言。他们也是“老师”，时刻警醒我勿偏离“有礼”的大方向。

现在我选择新南威尔士州 Central Coast（中央海岸市）的一个小镇生活，背靠青山，面朝大海，春暖花开。去近在咫尺的公司上班之余，读书、写作、种菜、养鸡，陪伴三朵“金花”（三个女儿）一天天长大。

不夸张地说，我是悄悄努力着向《礼记》所记录的平民生活积极靠拢——我在书中写道，向往《礼记》里古人的平常日子：不急不慢不慌不忙不闲，淡定悠然。

《礼记》的号召是：追求慎独，而后努力去修身、言道。

司马迁曰："高山仰止，景行行止。虽不能至，然心向往之。"

吾心亦向往之矣！

我在努力，始终在努力。

是为跋。

2018年春初于澳大利亚 Central Coast

附录一

《礼记》里的“老规矩”

教化：温柔、敦厚而不愚。疏通、知远而不诬。广博、易良而不奢。絜净、精微而不贼。恭俭、庄敬而不烦。属辞、比事而不乱。无理不动，无节不作。贫而好乐，富而好礼。

家和：众而以宁。妻子好合，如鼓瑟琴。兄弟既翕，和乐且耽。

育儿：教世子必以礼乐。乐，所以修内也；礼，所以修外也。礼、乐交错于中，发形于外，是故其成也怿，恭敬而温文。

敬老：亲亲、尊尊、长长。爱之以敬。长幼有序。

尊师：安其学而亲其师。虽离师辅而不反。师严然后道尊，道尊然后民知敬学。

交谈：不窥密，不旁狎，不道旧故，不戏色。毋訾衣服成器，毋身质言语。

言论：颂而无谄，谏而无骄。言语之美，穆穆皇皇。

居住：君子之居恒当户。

接物：执虚如执盈。

饮酒：小子走而不趋，举爵则坐祭，立饮。未步爵，不尝羞。

陪酒：侍饮于长者，酒进则起，拜受于尊所。长者辞，少者反席而饮。长者举，未釂，少者不敢饮。长者赐，少者、贱者不敢辞。

爱好：毋拔来，毋报往。

敬祖：未尝不食新。

问卦：不贰问。毋测未至。

爱幼：慈幼。

诚信：言而履之。选贤与能，讲信修睦。君子信让以莅百姓。信，事人也。

反省：失诸正鹄，反求诸其身。行远必自迩，登高必自卑。

仪容：尽饰之道，斯其行者远矣。

坐相：坐如尸。坐毋箕。坐不中席。并坐不横肱。坐必安，执尔颜。虚坐尽后，食坐尽前。

站相：立如齐。立不中门。立毋跛。立则有序。

吃相：毋抟饭，毋放饭，毋流歠，毋咤食，毋啮骨，毋反鱼肉，毋投与狗骨。毋固获，毋扬饭，饭黍毋以箸，毋嚃羹，毋絮羹，毋刺齿，毋歠醢。

走路：毋践屦，毋踖席，抠衣趋隅。行不中道。不践阈。帷薄之外不趋，堂上不趋，执玉不趋。堂上接武，堂下布武，室中不翔。男子由右，女子由左。

聆听：毋侧听。

节俭：居处不淫，饮食不溽。

人道：纪之以义，终之以仁。

求学：凡学，官先事，士先志。念终始典于学。时教必有正业，退息必有居学。

立志：敖不可长，欲不可从，志不可满，乐不可极。

睡觉：寝毋伏。君子寝恒东首。

下葬：死者北首。

造屋：生者南乡。

婚姻：男女非有行媒，不相知名；非受币，不交不亲。

做客：入门而问讳。客车不入大门。

迎客：凡与客入者，每门让于客。客践席，乃坐。

陪客：侍坐于君子，君子欠伸，撰杖屦，视日蚤莫，侍坐者请出矣。

尽孝：凡为人子之礼，冬温而夏清，昏定而晨省，在丑、夷不争。见父之执，不谓之进不敢进，不谓之退不敢退，不问不敢对。不登高，不临深。出必告，反必面。所习必有业。恒言不称老。

送礼：居山以鱼鳖为礼，居泽以鹿豕为礼，君子谓之不知礼。故必举其定国之数，以为礼之大经。礼之大伦，以地广狭；礼之薄厚，与年之上下。

取名：名子者不以国，不以日月，不以隐疾，不以山川。

说话：毋噭应。城上不呼。公庭不言妇女。公事不私议。外言不入于梱，内言不出于梱。

丧礼：居丧不言乐，祭事不言凶。邻有丧，舂不相；里有殡，不巷歌。葬不为雨止。丧从死者，祭从生者。

男女有别：外内不共井，不共湢浴，不通寝席，不通乞假。男女不通衣裳。内言不出，外言不入。男子入内，不啸不指。女子出门，必拥蔽其面，夜行以烛，无烛则止。男女不杂坐，不同椸、枷，不同巾、栉，不亲授。

饮食：春多酸，夏多苦，秋多辛，冬多咸，调以滑甘。牛宜稌，羊宜黍，豕宜稷，犬宜粱，雁宜麦，鱼宜苽。春宜羔、豚，膳膏芗；夏宜腒、鳙，膳膏臊；秋宜犊、麛，膳膏腥；冬宜鲜、羽，膳膏膻。

行政：夫妇别，父子亲，君臣严。古之为政，爱人为大。

看病：医不三世，不服其药。

行善：积而能散。敦善行而不怠。生有益于人，死不害于人。

不贪：欲不可从。分毋求多。

出国游：入竟而问禁，入国而问俗。

交友：不尽人之欢，不竭人之忠。朋友不相逾。亲者毋失其为亲，故者毋失其为故。

聘礼：轻财重礼。

正派：身不正，言不信，则义不壹，行无类也。

敬畏：气也者，神之盛也；魄也者，鬼之盛也。合鬼与神，教之至也。鬼神之为德，其盛矣乎！

附录二

母亲的口头禅

（注：“口头禅”为作者亲友提供，括号里姓名为提供人。作者继续征求民间熟语俗话。微信号码：Au20140427）

子不嫌母丑，狗不嫌家贫。（孟爱香）

坐不可叉腿，不可跷二郎腿，不可摇晃身子。（孟爱香）

占不尽的便宜，吃不尽的亏。（孟爱香）

字纸儿，烧不得，踩不得，擦不得屁股垫不得床。（孟爱香）

雷公不打吃饭人。（孟爱香）

金窝银窝，不如自家的狗窝。（孟爱香）

男儿嘴大吃四方，女人嘴大吃精光。（孟爱香）

瓜像瓜，豆像豆。（蔡根深）

当面锣，对面鼓。（蔡根深）

躲得过初一，躲不过十五。（郑世强）

吃不穷，穿不穷，不会算计一世穷。（张利）

牛大压不死虱婆子。（张利）

稀牛屎糊不上墙。（杨延梅）

我讲龙上天，你讲狗爬灶。（邓梦良）

我想他一尺布，他想我一条裤。（邓梦良）

端人家的碗，服人家的管。（邓梦良）

蛇有蛇路，鳖有鳖路。（邓梦良）

做鬼容易做人难。（邓梦良）

恶人先告状，贼佬刁过人。（邓梦良）

独柴难烧，独子难教。（邓梦良）

粪箕子装泥鳅，跑的跑，溜的溜。（邓梦良）

什么鸟吃什么食。（小鸭）

人情一把锯，你一扯，我一勒。（小鸭）

病从口入，祸从口出。（邱先进）

留得青山在，不怕没柴烧。（邱先进）

人抬人无价宝，人踩人踩死人。（邱先进）

懒人挑重担，勤快人分两担。（恬淡）

家鸡再打团团转，野鸡不打也是飞。（郑艺）

泥鳅要捧，孩子要哄。（郑艺）

一人难找四手。(郑艺)

泥鳅多大洞多大。(郑艺)

千差万差，来人不差。(郑艺)

女子肚大能装崽，男人肚大能盛海。(廖建清)

十根手指头还不一样齐。(周建荣)

人在做，天在看。(周建荣)

起个大早，赶个晚集。(杨暖)

有粉脸上涂，有金窝里藏。(杨暖)

有个当官的爹，不如有个要饭的娘。(杨暖)

世上谁最亲，生你的，你生的。(杨暖)

好死不如赖活着。(杨暖)

吃鸡蛋白脸皮，吃樱桃红嘴唇。(杨暖)

上半夜想自己，下半夜想别人。(纤纤竹)

小来偷根针，大来会偷金。(纤纤竹)

平时不烧香，急时抱佛脚。(王法)

娘亲舅大，爷亲叔大。(郑士强)

生身父母在一边，养身父母大如天。(郑士强)

口水淹死人。(郑士强)

娘生出来的崽，手心手背都是肉。(郑士强)

十年河东转河西，莫笑穷人穿破衣，十年河东讨冷饭，十年河西买马骑。(小马哥)

为人不做亏心事，不怕半夜鬼敲门。（小马哥）

人行好事，莫问前程。（小马哥）

好崽不要爷田地，好女不要嫁妆衣。（胡建平）

吃亏人命长。（胡建平）

丈夫有，隔着手。爹娘有，当不得自己有。（胡建平）

富在深山有远亲。（唐芝莲）

天要落雨，娘要嫁人。（唐芝莲）

叫天天不应，叫地地不灵。（唐芝莲）

在家千日好，出门时时难。（唐芝莲）

天天来客不穷，夜夜做贼不富。（唐芝莲）

人在屋檐下，不得不低头。（廖庆）

天上掉下来有得捡，也要起得早。（廖庆）

捉猪崽子要看娘种。（刘花花）

不看十八岁姑娘上轿，要看八十岁婆婆归山。（刘花花）

女孩子要三稳，一要手稳，二要口稳，三要身子稳。（刘花花）

子女出息好，才是真的好。（刘花花）

三条勤扁担，当不得一个懒铺子。（刘花花）

一人嘴巴动，百人干咽痰。（蔡根深）

门缝里看人，把人看扁。（周建荣）

对老人家说话，不能吼。(孟爱香)

站要像松，坐要像钟，站着坐着不能摇身。(孟爱香)

打人不打脸。(孟爱香)

见鬼说鬼话，见人说人话。(孟爱香)

欠钱还钱，欠米还米。(蔡根深)

到什么山上唱什么歌。(蔡根深)

拿米和钱给乞丐，不能吆喝。(彭宝玉)

女人内衣，不晒堂屋里。女人内裤，不现门前屋。(彭宝玉)

不是一家人，不进一家门。(李阳阳)

家有一老是一宝。(刘华江)

你敬我一尺，我敬你一丈。(我是王子)

做事注意点，凡事想开点。(谢东辰)

心急吃不了热豆腐。(孟爱香)

佛要金装，人要衣装。(孟爱香)

没有蹚不过去的河，没有过不去的坎。(黄花菜)

不要笑话人，笑话人的不如人。(陈华)

人狂没好事，狗狂拉稀屎。(陈华)

吃穿看家当。(陈华)

人冷捂腿，狗冷捂嘴。(陈华)

少说话，威信高。(陈华)

跟着好人念长经，跟着巫婆学跳神。（果子狸）

台上一分钟，台下十年功。（洋洋他妈）

拳不离手，曲不离口。（洋洋他妈）

林子大了，啥鸟都有。（钟利明）

嘴巴有多贱，命就有多贱。（杨延梅）

不做亏心事，哪怕鬼敲门。（孟爱香）

七不出，八不归。（孟爱香）

人要好伴，住要好邻。（孟爱香）

出门穿得脏乱破，不是乞丐，也是快要讨米的货。（孟爱香）

将军额头能走马，宰相肚里可行船。（刘老师）

良心被狗吃，猪狗都不如。（刘老师）

人生有三苦，撑船、打铁、磨豆腐。（毕老爷）

三尺之上有神灵。（毕老爷）

看菜吃饭，见人说话。（毕老爷）

餐桌不能七个菜。（郑世强）

拜年拜到初七八，冷了坛子冷了榻。（郑士强）

命里有时终须有，命里无时不强求。（郑士强）

屋前有人家，门上不挂镜。（广东仔）

镜子不对床。（广东仔）

在屋不撑伞。（广东仔）

船上吃鱼，不翻鱼身。（广东仔）

出门办事不说不吉利的话，到朋友家不说有不祥预兆的话。（广东仔）

饭桌不说伤心话和气话。（文晴）

年龄不说三和九，七三八四有不测。（胡玥）

写信不用红笔。（胡玥）

看望病人不送梨，过节喜庆不送钟。（胡玥）

晚上不扫地，扫帚不打人。（胡玥）

客人在，不扫地。（胡玥）

逢人不说呸。（胡玥）

年三十吃鱼不吃光，过年不打小孩。（张先生）

餐前筷子放饭碗右边。（张先生）

参加别人婚礼不穿白色衣服。（张先生）

恶有恶报，善有善报。（张先生）

路见长辈先打招呼，问好让道。（彭宝玉）

对长辈不能喊喂，更不能直呼其名。（彭宝玉）

任何情况下，不能对长辈翻白眼。（彭宝玉）

不能取笑别人的残缺。（彭宝玉）

大家围坐，若要起身走开决不能从别人面前跨过，须轻轻从后面绕过。（彭宝玉）

饭桌上不能抓头、挖耳、掏鼻。（彭宝玉）

吃饭时不把自己喜欢吃的菜拖到自己面前，要把最好的菜放在客人或长辈面前。(彭宝玉)

即使与小伙伴玩，也不能把腿脚从别人头上扫过。(彭宝玉)

不能把裤衩、裤子、鞋袜晒在过道或人们必经之地的上方。(彭宝玉)

男矮矮一个，女矮矮一窝。(孟爱香)

讨米的上门来，有钱给点钱，没钱给点米，没米端杯茶，给水要给热开水，不给冷水。(孟爱香)

三岁看到老。(孟爱香)

吃得苦中苦，方为人上人。(孟爱香)

整天吊个苦瓜脸，好福气都会跑掉的。(孟爱香)

被人骗钱吃了亏，不要恼火伤身体，就当上辈子欠他的钱没来得及还。(孟爱香)

过门要一脚跨过去，不要把脚踩在人家门槛上。(孟爱香)

忍字头上一把刀。(孟爱香)

笑脸多，福分多。(蔡根深)

吃得亏，成得事。(蔡根深)

上梁不正下梁歪。(蔡根深)